여고괴담
두번째 이야기

KOFA 영화비평총서 는 한국영화사의 대표작 한 편을
아카이브와 역사라는 관점하에
비평적 해석으로 펼쳐 보는 시리즈이다.
영화비평가와 영화사 연구자가 필진으로 참가할 각 권은
비평과 역사를 동시에 주목하는 스펙트럼 속에서
영화에 관한 다채로운 논의를 제공한다.

일러두기

- 총서의 기획과 구성, 책임편집은 한국영상자료원 학예연구팀장 정종화와 연구원 이수연이 맡았다.
- 한국영상자료원에서 기증과 수집을 통해 보유하고 있는 사진은 별도의 출처를 표기하지 않았으며, 그 외에는 사진 설명에 출처를 표시하였다.
- 영화의 작품명과 연도는 한국영상자료원 한국영화데이터베이스(KMDb)를 따랐다. 감독명과 개봉 연도는 각 장마다 해당 영화가 맨 처음, 주요하게 언급될 때 (감독명, 제작 연도) 형태로 병기했다. 감독명, 제작 연도, 배우 이름 등 영화 관련 정보는 ( ) 안에 표기하되, 본문 괄호와 구분되도록 별색으로 표기하였다.
- 맞춤법과 띄어쓰기는 국립국어원의 《표준국어대사전》을 따랐다. 논문 및 영화 등의 작품명은 〈 〉, 문헌이나 저서명·정기간행물(학회지 포함)·신문명은 《 》, 직접인용은 " ", 강조 및 간접인용은 ' '로 표기했다.
- 인명이나 지명은 국립국어원의 외래어 표기용례를 따랐다. 단, 널리 알려진 이름이나 표기가 굳어진 명칭은 그대로 사용했다.

여고괴담
두번째 이야기

Memento Mori

조혜영 지음

벽장의 스크린, 뒤집어진 세계의 아이들

KOFA 영화비평총서 8

앨피

한국영상자료원Korean Film Archive은 영화의 역사를 보존하는 아카이브이자, 그 유산을 오늘의 언어로 새롭게 해석하는 비평의 장이기도 합니다. 'KOFA 영화비평총서'는 이러한 역할을 바탕으로, 한 편의 영화를 역사적 기록으로서, 동시에 살아 있는 텍스트로서 함께 바라보고자 기획된 시리즈입니다.

2024년 첫 출간한 〈휴일〉, 〈살인의 추억〉, 〈하녀〉, 〈최후의 증인〉에 이어, 올해는 〈오발탄〉, 〈첫사랑〉, 〈길소뜸〉, 〈여고괴담 두번째 이야기〉를 독자 여러분께 소개합니다. 한국영화 100년의 흐름 속에서 각기 다른 시대와 장르, 문제의식을 대표하며, 시간이 흐른 지금에도 여전히 새로운 질문과 의미를 불러일으키는 영화들입니다.

이 총서는 아카이브가 축적해 온 자료를 토대로 작품이 만들어진 역사적 조건과 시대적 맥락을 짚고, 동시대의 관점에서 새롭게 성찰해야 할 비평적 쟁점을 함께 제시하는 것을 목표로 합니다. 이를 위해 각 권은 해당 작품을 오랫동안 고민해 온 영화사 연구자와 영화비평가가 집필을 맡아, 각자의 시선으로 한 편의 영화를 세심하게 읽어 나갑니다.

이 책들이 한 편의 영화를 통해 아카이브의 가치와 역사적 의미를 되새기고, 비평이 지닌 사유의 즐거움과 깊이를 함께 전하는 계기가 되기를 바랍니다. 독자 여러분의 지속적인 관심과 응원이 이 총서를 앞으로 나아가게 하는 가장 큰 힘입니다.

2025년 12월
한국영상자료원 원장 김홍준
학예연구팀장 정종화

차례

눈부처와 벽장의 스크린

효신 시은아. 너 눈부처가 뭔지 알아.

시은 눈부처 모르겠는데….

효신 내 눈 좀 봐 봐.

시은 (효신 눈을 보는 시은) 왜?

효신 봐 봐. 내 눈 안에 뭐가 있는 것 같지 않아?

시은 아니 없는데….

효신 자세히 봐.

시은 나밖에 없어.

_〈여고괴담 두번째 이야기〉 中

눈부처는 상대방의 눈동자에 비친 자신의 형상을 가리킨다. 눈부처를 만들려면 반드시 서로를 온전히 바라보는 두 사람이 필요하다. 나를 온전히 비춰 줄 곳은 너밖에 없다. 여기서 보는 주체와 보이는 대상은 구분되지 않는다. 네 개의 눈동자는 카메라이자 스크린이 되며, 상대방의 망막에 맺힌 형상은 이미지를 보는 주체의 시점과 보이는 대상의 위치를 한꺼번에 담아낸다.

눈동자는 흥미로운 신체적 역설을 지닌다. 다른 신체 부위와 달리, 눈동자는 아무리 애써도 스스로를 직접 볼 수 없다. 눈동자는 언제나 타자를 담는 그릇으로만 존재한다. "〔너의 눈동자에〕 나밖에 없어." 시은의 이 말은 나를 비추는 장소가 오직 타자에게만 열려 있음을 뜻한다. 이때 눈동자는 주체의 일부이면서 타자 그 자체가 된다.

대상을 보기 위해서는 거리가 필요하지만, 동시에 대상에서 반사된 빛과 접촉해 이미지를 붙잡아 둔다. 시각과 촉각, 부분과 전체, 주체와 대상 사이의 경계를 진동시키는 눈부처는 불안정한 두 존재를 간間주체적으로 잠시 붙들어 매는 장치다. 그렇게 둘 사이에는 임시적이지만 비밀스럽고 충만한 공간이 형성된다. 이 공간은 은신의 장소이면서 동시에 언제든 들킬 수 있는 위험의 장소다. 나는 이 불안정한 친밀성의 공간을 '벽장the closet'이라 부르고자 한다.

이 책에서 벽장은 단순히 숨김의 은유가 아니다. 벽장은 타자의 이미지를 온전히 담아내는 눈동자들 사이의 공간, 성적 정체성을 숨기고자 하는 사람들, 교환일기·피아노·비디오테이프처럼 비밀을 품은 소품들, 스캔들로 가득한 학교라는 폐쇄적 공간, 옥상처럼 숨 쉴 수 있는 예외적 장소, 자기들만의 환상을 공유하는 팬덤 관객, 그리고 퀴어문화를 소비하면서도 정작 성소수자 이웃은 혐오하는 정치사회적 조건까지를 포괄한다. 벽장은 단일한 장소가 아니라, 겹겹이 중첩되며 이동하는 구조다.

나는 〈여고괴담 두번째 이야기〉(김태용·민규동, 1999)를 '벽장의 스크린'으로 읽고자 한다. 특히 서로의 눈부처가 되길 원했던 아이들이 생존을 위해 선택할 수밖에 없었던 공간의 형식으로 바라보고자 한다. 여기서 중요한 것은, 이 영화가 동성애를 어떻게 재현하는가가 아니라, 말해질 수 없는 감정과 욕망이 어떤 이미지와 기록, 어떤 응시와 환상의 형식으로 살아남았는가이다. 다시 말해, 이 책이 관심을 두는 것은 정체성의 선언이 아니라, 드러낼 수 없음 속에서도 관계를 지속하기 위해 선택되었던 감각적·매체적 전략들이다.

벽장은 세상에서 축출되고 배제된 이들이 자기수용과 기이한 환상을 펼칠 수 있는 공간이기도 하지만, 동시에 비밀이 폭로되어 스캔들이 될 위험을 늘 내포한다. 억압과 검열, 진부하고 왜곡된 약호화가 이 공간에 함께 스며드는 이유다. 벽장의 스크린에서 수용과 배제는 모순적으로 공존하고, 전경과 배경이 서로 바뀌치기 되며 전혀 다른 형상을 떠오르게 하는 로르샤흐 심리검사 그림처럼 작동한다. 네 개의 눈을 가진 눈부처의 시선을 고수하면서 비틀릴perverted 수밖에 없는 이 책의 읽기 방식은 대상을 고정된 의미로 해석해 붙잡아 두기보다, 겹겹이 쌓인 벽장의 문을 반복적으로 열고 닫으며 이미지들이 만들어 내는 경향과 잔여를 따라가는 데 가깝다. 따라서 스크린이라는 망에 걸린 이미지들에 관심을 기울이는 동시에 그 망에서 빠져나간 보이지 않는 것까지 잠정적으로 추정하고 상상하는 작업이 된다. 그런 면에서 벽장은 〈여고괴담 두번째 이야기〉라는 영화 또는 더 나아가 한국의 퀴어영화* 역사 그 자체가 될 수도 있다.

이러한 읽기는 나의 비평적 입장이 변화해 온 과정과도 맞닿아 있다. 나는 오랫동안 〈여고괴담 두번째 이야기〉를 1990년대 한국영화에서 드물게, 혐오와 고립에 놓인 10대 여성 동성애자들을 연민 어린 시선으로 그려 낸 퀴어영화로 높게 평가해 왔다. 특히 민규동과 김태용 감독은 동성애를 우정이나 질투 같은 다른 감정으로 포장하거나 변명하지 않고, 인터뷰에서도 이 영화를 퀴어영화로 봐 달라고 요청해 왔다. 그런 면에서 〈여고괴담 두번째 이야기〉는 숨겨진 약호나 장르적 차용으로만 소비되던 기존의 동성애 재현과는 분명히 구별된다. 그러나 이러한 긍정적 평가와는 별개로, 나는 동시에 이 영화

---

* 여기서 퀴어영화는 성소수자로 정체화한 개별 인물이 가시화된 영화뿐 아니라, 정상성에 도전하고 비규범성을 그려 내는 영화를 폭넓게 포함한다.

가 여성 동성애를 청소년기에 가두고 결국 죽음으로 미래를 닫아 버린다는 한계를 반복한다고 판단해 왔다. 주요 인물들 가운데 누구도 학교를 벗어나지 못하며, 옥상이라는 예외적 공간이 등장하긴 하지만 그것을 완전한 탈출이라고 말하기는 어렵다. 이런 점에서 〈여고괴담 두번째 이야기〉는 여성 동성애를 유년기와 청소년기에 한정하는, 전 세계적으로 반복되어 온 오래된 재현의 계보를 되풀이하는 것처럼 보였다. 이 계보에서 10대 여성 동성애는 미성숙한 것으로 간주되거나, '진짜' 사랑인 이성애로 이행하기 위한 예비 단계로 위치지워지고, 결국 과거의 것으로 봉인되거나 우정이라는 이름 아래 희미해진다. 효신의 죽음으로 미래가 닫히는 이 영화의 결말 역시, 여성 동성애를 시공간적 폐쇄 상태에 가두는 선택처럼 읽혔다. 그러나 이 책을 쓰기 위해 영화를 다시 보며, 나는 이 판단을 수정하게 되었다. 이 영화를 처음 보았던 시점으로부터 26년이 지난 지금, 변화한 한국 사회와 영화의 역사 속에서 이 작품을 다시 마주했을 때, 과거의 비판은 여러 질문 앞에서 흔들리기 시작했다. 일시적이고 과도기적인 것, 그리고 나아가 "미래 없음no future"은 정말로 실패의 징후였는가. 미래 없음이라는 개념은 리 에델만Lee Edelman이 말했듯, 재생산과 이성애 중심의 규범적 시간성에 저항하는 급진적 정치 전략이지만, 이 영화에서 그려지는 '미래 없음'과 '바깥 없음'은 전략이기 이전에 당

시 한국 학교에서 동성애 검열 속에 살아가야 했던 퀴어 아이들의 현실이기도 했다.[*]

이처럼 '미래 없음'을 둘러싼 이론적 논의는 나로 하여금 이 영화를 다시 묻지 않을 수 없게 만들었다. 이 지점에서 질문은 달라진다. 일시적이고 미완적인 것이 과연 퀴어영화 실천에서 무가치한가. 강제된 규범적 생애주기를 거부하는 것이 반드시 실패로 귀결되어야 하는가. 성소수자 청소년의 자살률이 유의미하게 높은 사회에서, 미래를 상상하지 못하는 감각을 비판하는 것이 오히려 현실을 외면하는 것은 아니었는가. 당시 한국영화에서 퀴어영화로 분류될 수 있는 작품이 극히 제한적이었던 조건을 고려할 때, 나는 이 영화 한 편에 지나치게 많은 정치적 책임을 요구하고 있었던 것은 아닌지, 그리고 퀴어 재

---

[*] '미래 없음'은 미국의 문학평론가이자 퀴어학자인 리 에델만의 저서 《No Future: Queer Theory and the Death Drive》(Duke University Press, 2004)에서 제시된 개념이다. 에델만은 근대 정치와 사회가 '아이'를 미래의 상징으로 전면화하며, 이로써 이성애 중심의 가족구조와 생식을 통한 재생산 미래주의reproductive futurism 를 강화해 왔다고 비판한다. 이 맥락에서 그는 재생산을 전제하지 않는 퀴어 섹슈얼리티가 미래를 위협하는 것으로 간주되어 정치적 상상력에서 배제되어 왔음을 지적하며, 퀴어성은 이성애규범적 미래주의에 동화되기를 거부하는 급진적 부정성의 실천이라고 주장한다. 한편 싱두는 〈현재 없음(No Present): 지금 여기의 삶 정치 기획의 변〉(《페미니스트 연구 웹진 Fwd》 8호, 2023년 10월 25일. https://fwdfeminist.com/2023/10/25/vol-8-1)에서 한국 사회의 '재생산 미래주의'를 비판하며 에델만의 '미래 없음'의 정치적 전략에 동의하면서도, 지금-여기의 욕망과 시간성을 사유하기 위해서는 '현재 없음No Present'을 사유하는 관점 역시 필요하다고 제안한다. 이 책은 궁극적으로는 싱두의 관점에 더 가깝다.

현을 오직 선형적linear이고 동질적인 정체성 서사로만 판단하고 있었던 것은 아닌지 스스로에게 되묻게 되었다.

이 책에서 '벽장의 스크린으로 영화를 본다'는 것은, 무조건적인 찬사나 과도한 진보적 과제를 요구하는 태도를 넘어, 이 영화가 세심하게 연출한 피난처로서의 환상 공간과 생존의 가능성을 놓치지 않으려는 읽기 방식이다. 이는 영화가 놓인 사회정치적 환경과의 협상 과정을 관찰하고, 스크린 위에 가시화된 이미지들뿐 아니라 그 바깥에 존재하는 비가시적 스크린 space-off까지 함께 사유하려는 시도이기도 하다. 효신과 시은이 교환일기 속에서 얇은 종이들을 겹치고 연결하고 대화하며 다층적인 사이 공간을 만들어 냈듯, 이 책은 실패와 미성숙을 기꺼이 견디는 태도, 타자에게 압도되며 자기를 잃는 사랑, 그리고 텍스트의 환상 속에서 잠시 바깥을 잊고 살아가는 경험을 퀴어한 감각과 윤리의 문제로 다시 읽고자 한다.

이러한 읽기는 결국 이 영화가 무엇을 실제로 성취했는가를 다시 보게 만든다. 〈여고괴담 두번째 이야기〉는 1990년대 한국영화의 특징 중 하나였던 프로듀서의 기획력과 신진 작가성의 결합이 새로운 독창성을 만들어 낼 수 있음을 보여 준 상업영화다. 교환일기를 일종의 타임머신처럼 사용해 과거와 현재를 오가는 서사구조, 청소년영화가 흔히 빠지기 쉬운 도덕적이고 계몽적인 태도를 벗어난 에피소드들, 10대 여성들의 하위문화와 감정 구조를 섬세하게 포착한 장면들은 이 영화의 중요한 미학적 성취다. 여기에 더해 학교라는 공간 안에서 여성 청소년의 성적 욕망에 덧씌워진 낙인과 동성애 검열을 날카롭게 비판하는 태도, 비율을 그로테스크하게 뒤틀어 표현한 코믹 호러적 유령의 창조는 이 영화의 정동적 효과를 더욱 강화한다. 이 영화는 불안정과 혼란을 끌어안은 관계들 속으로 관객을 깊이 끌어들이며, 때로는 정서적으로, 때로는 신체적으로 압도하는 감각을 만들어 냈고, 그 결과 반복 관람을 지속하는 팬덤 관객을 형성했다. 나는 이 책에서 이러한 미학적이고 정동적인 성취들이 어떻게 하나의 퀴어한 감각과 관계의 형식으로 수렴되는지를 탐색하고자 한다.

이 질문들은 퀴어이론이 오래도록 사유해 온 '벽장'의 문제를 다시 호출한다. 아는 것과 모르는 것, 말해진 것과 암시된 것 사이의 긴장은 단순한 개인의 선택 문제로 환원될 수 없다. 이 책의 핵심적 비평틀이라고 할 수 있는 벽장의 인식론에 관한 본격적인 논의는 4장에서 이어 갈 것이다.

그렇다면 이러한 응시와 기록, 은폐와 환상의 감각은 어떤 조건 속에서 하나의 영화로 형성될 수 있었을까. 〈여고괴담 두 번째 이야기〉는 우연히 등장한 예외적 텍스트가 아니라, 한국 영화 산업의 변화, 공포영화 프랜차이즈의 형성, 그리고 청소년문화의 균열이 교차하는 지점에서 가능해진 결과물이다. 1장과 2장에서 이 영화가 어떤 역사적·산업적 맥락 속에서 '두 번째 이야기'로 호출되었는지를 살펴보고자 한다. 이를 통해 이 영화가 단순히 속편이 아니라, 하나의 분기점이자 또 다른 시작으로 기능했음을 밝히는 것이 이 책의 첫 과제이다. 3장은 영화적 장치로서의 교환일기와 동반자살의 퀴어적 계보를, 4장은 미장아빔 구조와 관객성을, 5장은 학교 내 동성애 검열의 역사를 다룰 것이다.

마지막으로, 효신과 시은의 벽장으로 들어가기 전에 감사 인사를 덧붙이고자 한다. 이 책은 초고 단계에서 영상자료원의 이수연 연구원, 손희정 평론가, 김일란 감독이 건네준 애정 어린 피드백 덕택에 혼란스러웠던 방향과 구성을 점검할 수 있었다. 〈여고괴담 두번째 이야기〉의 팬이기도 한 그들의 노고에 감사드린다.

1장
새로운 장르영화의 출현과
그 조건들

"첫째 날, 한 아이가 죽었다.
머리가 텅 비어진 채,
아마도 진실을 기억해 냈나 보다."

기획 중심 제작 시스템과
공포 장르의 유행

　서문에서 나는 〈여고괴담 두번째 이야기〉를 다시 읽는 일이 단순한 재평가가 아니라, 이 영화가 놓였던 조건과 그로부터 파생된 감각을 다시 묻는 과정임을 밝힌 바 있다. 이 책은이 영화를 이미 확정된 고전이나 완결된 작가영화로 호명하기보다, 특정한 역사적·산업적 조건 속에서 출현한 결과물로 바라보고자 한다. 이러한 문제의식은 다음과 같은 질문으로 이어진다. 〈여고괴담 두번째 이야기〉는 어떤 조건 속에서 가능했으며, 왜 이 영화는 이후의 한국영화 지형에서 독특한 위치를 차지하게 되었는가.

　'KOFA 영화비평총서'가 영화 한 편을 다루는 비평서라는점을 고려할 때, 분석 대상으로 선택되는 작품은 대개 두 범주가운데 하나에 속한다. 하나는 독창성과 영향력이 이미 충분히 검증된 작품이며, 다른 하나는 작가적 서명이 분명한 감독의 대표작이다. 다시 말해, 총서의 목록은 그 자체로 하나의 기준점이 되거나, 이후의 논의를 여는 출발점으로 기능할 수 있는 영화들이다. 이러한 기준에 비추어 볼 때, 〈여고괴담 두번째 이야기〉는 언뜻 이 목록에 자연스럽게 포함되는 작품처럼보이지 않는다.

이 영화는 '여고괴담'이라는 프랜차이즈의 두 번째 작품이
고, 민규동과 김태용이라는 두 감독이 공동연출한 영화다. 이
들은 장편 데뷔작인 이 영화를 만든 이후 2025년 현재까지 다
시 공동연출을 하지 않았고, 필모그래피 역시 서로 다른 방향
으로 전개되어 왔다. 물론 이 영화에는 이후 두 감독의 작업에
서도 반복적으로 발견되는 작가적 특성이 이미 배어 있다. 다
중 서사와 에피소드식 구성, 인물들 사이의 관계에 대한 집요
한 관심, 여성을 포함한 사회적 소수자에 대한 주목이 그것이
다. 그러나 비평적 수용이나 관객의 기억 속에서 〈여고괴담 두
번째 이야기〉는 민규동이나 김태용의 대표작으로 호명되기보
다는, 2000년대 한국 공포영화의 출발점 근처에 위치한, 다소
특이한 영화로 남아 있다. 대중적으로는 '무섭지 않은 공포영
화'라는 평가를 받았기에, 이는 이 영화의 위치를 더욱 모호하
게 만든다.

그럼에도 불구하고, 혹은 바로 그렇기 때문에, 〈여고괴담 두
번째 이야기〉는 1990년대 말에서 2000년대 초로 이어지는 한
국 상업영화의 급격한 변화 속에서 기존의 표준적 궤적을 조
금씩 벗어난 결과물로 읽힐 수 있다. 이 영화는 1990년대에서
2000년대 역동적으로 변화하던 한국 상업영화 환경, 제작사
와 프로듀서의 기획력, 그리고 두 신인 감독이 만들어 낸 감각
이 절묘하게 중첩되며 형성된 작품이다. 이 장에서는 이 영화가

'특이한 예외'로 남게 된 이유를 설명하기보다는, 그러한 예외성이 어떤 조건 속에서 가능해졌는지를 먼저 살펴보고자 한다.

이를 위해 우선 이 영화가 기획된 과정을 살펴볼 필요가 있다. 잘 알려져 있듯이, 프랜차이즈의 첫 번째 작품 〈여고괴담〉(박기형)은 1998년, 이춘연이 대표로 있던 씨네2000에서 제작되었다. 이 영화는 처음부터 프랜차이즈를 염두에 두고 기획한 작품은 아니었다. 그러나 〈여고괴담〉과 〈여고괴담 두번째 이야기〉를 연이어 기획한 오기민 프로듀서는, 결과적으로 2000년대 한국 공포영화의 새로운 흐름을 만들어 내는 데 중요한 역할을 하게 된다. 그는 이후 2000년에 제작사 마술피리를 설립하고, 〈장화, 홍련〉(김지운, 2003)과 〈화차〉(변영주, 2011) 등을 기획·제작하기도 했다.

당시 한국영화 산업 전반에서는 제작 편수가 감소하는 경향이 나타났지만, 여성 혹은 청소년을 주인공으로 한 공포영화는 비교적 꾸준히 제작되었고, 그중 일부는 의미 있는 흥행 성과를 거두었다. 2000년대 초중반에 등장한 여러 공포영화들은 이러한 흐름을 단적으로 보여 준다. 2000년 〈하피〉(라호범), 〈가위〉(안병기), 〈찍히면 죽는다〉(김기훈), 〈공포택시〉(허승준), 〈해변으로 가다〉(김인수), 2001년 〈소름〉(윤종찬), 2002년 〈하얀 방〉(임창재), 〈폰〉(안병기), 2003년 〈장화, 홍련〉, 〈여고괴담 세번째 이야기: 여우계단〉(윤재연), 〈4인용 식탁〉(이수연), 〈거

울 속으로〉(김성호), 〈아카시아〉(박기형), 2004년 〈분신사바〉(안
병기), 2005년 〈분홍신〉(김용균), 〈첼로〉(이우철), 〈여고괴담4: 목
소리〉(최익환) 등이 개봉되었다. 이는 〈여고괴담 두번째 이야기〉
가 고립된 단일 작품이 아니라, 특정한 장르적 환경 속에서 출
현했음을 시사한다.

　이러한 공포영화의 유행을 만들어 낸 조건을 몇 가지로 정
리할 수 있다. 첫째, 공포영화는 비교적 낮은 제작비와 짧은 제
작 기간으로도 명확한 장르 코드를 구현할 수 있고, 이는 기
획 중심으로 재편되던 장시 한국영화 산업의 조건과 잘 맞아떨
어졌다. 둘째, 할리우드의 〈스크림Scream〉(웨스 크레이븐, 1996)과
〈블레어 위치 프로젝트The Blair Witch Project〉(에두아르도 산체스·다
니엘 마이릭, 1999), 일본의 〈링(リング)〉(나카다 히데오, 1999)과 〈주
온(呪怨)〉(시미즈 다카시, 2003) 같은 공포영화들의 전 지구적 흥행
의 흐름을 신진 프로듀서들이 예민하게 감지했다. 특히 일본
공포영화의 국제적 흥행은 동아시아 공포영화에 대한 산업적
기대를 강화했다. 셋째, 한국의 정치적 민주화 이후 사회적으
로 분출되기 시작한 억압되어 있던 타자들의 원한 그리고 사회
에 대한 분노 어린 고발은 공포라는 장르를 통해 비교적 직접
적으로 재현될 수 있었다. 넷째, IMF 외환위기와 세기말을 거
치며 급격히 변화한 성별 역할과 규범적 가족 질서에 대한 불
안 그리고 소수자에 대한 혐오 정동 역시 공포영화의 감각 속

에 반영되었다.

　박기형 감독의 〈여고괴담〉은 이러한 조건들을 가장 먼저 집약적으로 보여 준 작품이었다. 이 영화는 학교를 억압적이고 폭력적인 공간으로 설정하고, 경쟁을 부추기는 교육 시스템, 교사와 학생 사이의 갈등, 학교를 떠나지 못한 채 원한을 품은 여성 유령의 형상, 개인과 집단의 불화, 그리고 사랑·우정·질투·혐오·연민 사이를 진동하는 10대 여성들의 관계를 전면에 배치한다. 여기에 신인 감독과 새로운 여성 배우의 기용이라는 선택, 그리고 씨네2000이라는 제작사의 존재가 더해지며, 〈여고괴담〉은 단일한 공포영화를 넘어 하나의 출발점으로 기능하게 된다. 그러나 바로 이 지점에서 질문은 다시 제기된다. 처음부터 기획되지 않았던 이 영화는 어떻게 프랜차이즈로 확장될 수 있었는가. 이에 답하기 위해서는, 〈여고괴담〉이 어떤 방식으로 대중적이고 사회적인 사건이 되었는지를 구체적으로 살펴볼 필요가 있다.

첫 번째 기원,
〈여고괴담〉

'여고괴담' 시리즈가 처음부터 프랜차이즈로 기획되지 않았음에도 불구하고 이후 연속적인 작품으로 이어질 수 있었던 이유는, 무엇보다도 이 영화가 신드롬이라고 불릴 만큼의 흥행 성과를 거두었기 때문이다. 당시에는 통합된 극장전산 시스템이 존재하지 않았기 때문에 정확한 관객 수를 산출하기는 어렵지만, 서울 지역에서만 약 70만 명, 전국적으로는 약 180만 명의 관객이 이 영화를 관람한 것으로 추정된다. 이러한 수치는 1990년대 후반 한국 공포영화의 맥락에서 볼 때 결코 가볍게 넘길 수 없는 성과였다.

이 영화가 남긴 흔적은 단순히 흥행 수치에만 국한되지 않는다. 최강희가 연기한 유령의 '진주'라는 이름은 이후에도 '존재감이 없는 인물'을 지칭하는 밈으로 회자되어 왔으며, 복도를 따라 세 번의 점프 컷으로 카메라를 향해 다가오는 장면은 지금까지도 한국 공포영화의 대표적 이미지로 기억된다. "내가 아직도 네 친구로 보이니?"라는 홍보 문구 역시 영화의 정조를 압축적으로 드러내는 문장으로 반복적으로 인용된다. 이러한 장면과 문구들은 〈여고괴담〉이 단순히 소비되고 사라진 영화가 아니라, 집단적 기억 속에 잔존하는 텍스트가 되었음을 보여 준다.

　더 중요한 점은, 이 영화의 대중적 성공이 학교라는 공간에 내재한 폭력과 억압을 사회적 논쟁의 장으로 끌어올렸다는 사실이다. 교사의 심리적, 신체적, 성적 폭력, 학생에 대한 차별, 강제적인 야간 자율학습, 경쟁을 미덕으로 포장한 교육 시스템은 영화의 인기를 통해 공적 담론의 대상으로 부상했다. 당시 대학민국 인구의 상당수가 인권 감수성이 결여된 중·고등학교를 경험한 세대였고, 특히 당시의 20대와 30대는 전국교직원노동조합 교사들이 학교폭력과 차별에 맞서 싸우는 과정을 지켜본 세대이기도 했다. 이러한 사회적 맥락 속에서 영화에 대한 공감과 지지는 자연스럽게 확장될 수밖에 없었다.

　1990년대는 PC통신의 등장으로 전자통신문화가 급속히 확산되었고, 1990년대 후반부는 초고속인터넷 환경으로 이행하던 시기였다. 이러한 변화 속에서 온라인 공간에서 형성된 논쟁과 입소문은 영화 흥행에 중요한 역할을 했다. 실제로 PC통신에 〈여고괴담〉을 주제로 한 별도의 방이 개설될 정도로, 이 영화는 개봉 직후부터 온라인상에서 활발한 토론의 대상이 되었다. 〈여고괴담〉은 온라인이 영화 마케팅의 한 축으로 기능하기 시작했음을 보여 주었을 뿐 아니라, 한 편의 영화에서 출발한 온라인 담론이 사회적 파장을 만들어 낼 수 있음을 체감하게 한 사례이기도 했다.

김독 박기형
수수께끼, 갈등, 공포를 푼다

'여고'라는 폐쇄적 공간, 억압적이고 폭력적인 장소로서의 학교, 경쟁을 부추기는 교육체계, 교사와 학생 간의 갈등과 대립 등 〈여고괴담〉은 그 소재뿐만 아니라, "지금도 내가 친구로 보이니?"와 같은 홍보 문구로 당시의 젊은 관객들 사이에 공감대를 형성하며 홍행에 성공했다. 〈여고괴담〉 홍보 전단(◀), 〈여고괴담〉을 보기 위해 서울극장 매표소 앞에 줄을 선 사람들의 모습(▲).

영화의 인기가 확산되던 시기, 한국교총에서 영화가 교사를 악의적으로 묘사했다는 이유로 상영금지가처분 신청을 검토하고 있다는 소문이 돌기도 했다. 이에 반발하며 온라인 공간에는 반인권적인 교사들을 경험한 기억, 학교폭력을 방관했던 과거에 대한 반성, 입시 위주의 학교문화에 대한 비판이 연이어 게시되었다.[1] 입시 위주의 학교 시스템과 성적만능주의를 다룬 이전 세대 영화들의 경우 다소 체념적인 감상주의적 멜로드라마나 무거운 현실을 한없이 가볍게 만들어 생존을 위한 회피에 주력하는 청춘 코미디가 주류를 이루었다면,* 〈여고괴담〉은 공포라는 장르를 빌려 좌절된 욕망을 실현하고, 복수를 수행하고, 나아가 사적이면서도 공적인 애도를 요청하는 10대

---

* 대표적인 사례로는 〈행복은 성적순이 아니잖아요〉(강우석, 1989)를 들 수 있다. 이 영화에서 이미연은 성적 비관 끝에 자살하는 모범생 은주를 연기한다. 그는 이후 〈여고괴담〉에서 진주의 옛 친구이자 교사 은영으로 등장하는데, 이러한 캐스팅은 과거의 역할을 암묵적으로 환기시킨다. 1980년대 후반에서 1990년대 초반은 하이틴영화의 전성기로 평가된다. 전두환 정권의 3S정책(스크린·스포츠·섹스)하에 에로영화가 극장가를 장악하던 1980년대 말, 10대 소비층의 구매력이 증가하고 이를 기반으로 한 대중문화가 활성화되면서 텔레비전과 영화 전반에 걸쳐 트렌디한 청춘물이 하나의 강력한 흐름을 형성하게 된다. 이 시기 화제가 된 청춘영화로는 〈미미와 철수의 청춘스케치〉(이규형, 1987), 〈너와 나의 비밀일기〉(박태영, 1987), 〈담다디〉(김응천, 1989), 〈있잖아요 비밀이에요〉(조금환, 1990), 〈있잖아요 비밀이에요 2〉(조금환, 1991), 〈그래 가끔 하늘을 보자〉(김성홍, 1990), 〈꼴찌에서 일등까지 우리반을 찾습니다〉(황규덕, 1990) 등이 있다. 반면, 1990년대 중후반에서 2000년대 초에는 더 작가적이고 세기전환기적 감수성을 드러내는 청춘영화들이 등장했다. 〈세친구〉(임순례, 1996), 〈비트〉(김성수, 1997), 〈고양이를 부탁해〉(정재은, 2001) 등을 꼽아 볼 수 있다.

여성들을 전면에 내세웠다는 점에서 새로운 시대의 청춘영화로 읽힐 수 있다.

〈여고괴담〉의 주인공 지오(김규리)는 그림 그리기를 좋아하고 주술에 능통한 학생으로, 독특한 기질 탓에 괴짜 취급을 받으며 담임교사 오광구(박용수)의 핍박을 받는다. 지오는 말수가 적지만 묵묵히 자신을 지지해 주는 재이(최강희)**를 새로운 친구로 사귄다. 이후에 학생들을 차별하고 괴롭히는 여교사 '늙은 여우' 박기숙(이용녀)과 성추행과 폭언을 일삼는 남교사 '미친 개' 오광구가 차례로 학교 안에서 잔인하게 살해된다.

이 학교 졸업생이자 신임 교사인 은영(이미연)은 전교 1등 모범생인 소영(박진희)의 도움을 받아, 교사 살인이 자신의 옛 친구 진주의 유령에 의해 저질러졌음을 밝혀낸다. 은영은 과거 진주가 무당 딸이라는 이유로 박기숙에게 차별받을 때 그를 멀리했던 과오가 있다. 진주는 결국 박기숙에 의해 창고에 갇혀 죽음을 맞는다. 은영이 진주의 정체를 드러내고 지오와의 우정을 방해하자 진주는 은영마저 해치려 하지만, 지오의 진심 어린 설득과 은영의 사과를 받아들이고 살인을 멈춘 후 학교를 떠난다.

진주는 졸업 사진을 찍고 싶다는 소망을 이루기 위해 이름

**　여기서 최강희가 연기한 유령은 진주, JJ, 재이 등 여러 이름으로 불린다.

을 바꿔 가며 유령으로 남지만, 그 소원을 성취하고도 학교를 떠나지 않고 3학년의 시간을 반복한다. 진주에게 중요한 것은 단순한 졸업 사진이 아니라, 애도였다. 애도는 기억을 통해서만, 그리고 고유한 관계에서만 가능하기 때문이다. 애초에 진주의 욕망은 복수라기보다 자신의 욕망을 실현하는 것이었으며, 이는 진정한 우정을 찾고 기억되기를 바라는 것에 가까웠다. 박기숙과 오광구, 그리고 은영까지 해치려 한 이유 역시 자신이 겪었던 상처를 지오에게 반복하게 만드는 존재들이었기 때문이다. 이러한 맥락에서 복수는 목적이 아니라 부수적 결과로 남는다.

　　그러나 영화에서 진주에 대한 사적 애도는 수행되어도, 폭력적인 학교 시스템을 비판하고 교정하려는 공적 애도는 거의 보이지 않는다. 다만, 은영을 통해 그러한 가능성이 미약하게 남겨질 뿐이다. 은영은 교사로서 이전 세대 교사들의 폭력과 단절하고, 제도와 시스템을 바꿀 수 있는 위치에 서게 된다. 진주가 은영에게 "더 이상 넌 예전의 은영이가 될 수 없어. 넌 이제 늙은 여우가 되어 갈 거야"라고 말하자, 은영은 "그렇지 않아. 난 지금도 진주의 친구 은영이야"라고 응답한다. 진주를 배신했던 친구에서 교사로 돌아와 과거를 뉘우치는 은영의 서사는 이 영화에서 필수 불가결한 선택이 된다. 그러나 이 과정에서 문제를 발생시키고 이를 해결하는 주체는 다시 한 번 교사의 위치로 회수된다.

　이 영화에서 학생들 역시 잘못을 저지르지만, 학교라는 장소, 즉 동시대의 공교육제도에서 폭력을 휘두르고 억압의 시스템을 유지하는 주체는 교사다. 공적 애도를 가능하게 하기 위해서는 억압의 기억을 지닌 새로운 세대의 교사들이 과거의 유산과 단절하고, 새로운 관계와 시스템을 만들어 나가야 하는 과제가 남는다.

　영화는 은영에게 이러한 과제를 남기며, 사적 복수와 애도만으로는 문제가 해결되지 않는다는 점을 분명히 한다. 영화의 마지막에서 소영의 친구이자 늘 경쟁 관계에 있던 정숙(윤지혜)이 자살하는 장면은, 구조와 문화가 바뀌지 않는 한 진주가 떠나더라도 또 다른 희생자가 유령이 되어 학교에 귀환[*]할 수 있음을 암시한다. 이러한 클리프행어식 결말은 공포 장르의 관습을 따르는 동시에, 시리즈가 지속될 수 있는 구조를

---

[*]　로빈 우드는 사회적으로 억압된 타자들, 금지된 욕망과 진실이 공포영화의 괴물이나 기이하고 두려운 형상으로 나타날 수 있다고 분석했다. 그래서 괴물의 해석은 그 시대가 누구를 그리고 무엇을 억압하고 차별하며 배제하는지를 알게 해 준다. 우드는 이를 "억압된 것의 귀환"이라고 불렀다. 사회적 구조와 체계적 차별이 근본적으로 해결되기는 어렵기 때문에 해당 영화의 개별 괴물을 처리한 이후에도 괴물은 다른 존재로 옮겨 갈 수 있다. 이는 공포영화의 시리즈화를 가능하게 해 준다. 그런 측면에서 〈여고괴담〉은 우드의 공포영화 장르 이론을 충실히 따른다. Robin Wood, "Return of the Repressed." *Film Comment*, vol. 14, no. 4, 1978, pp. 25-29.

마련한다. 학교폭력의 구조적 지속은 프랜차이즈처럼 연장성을 지니며, 〈여고괴담〉은 학교폭력을 사회적으로 고발하고 대중적 화두로 끌어올림으로써 영화 바깥에서의 공적 애도를 미약하게나마 가능하게 했다.

이러한 대중적 선동 효과는 이후의 프랜차이즈 영화들과는 달리, 가해자와 피해자가 선명하게 구분되었기 때문에 가능했다. 당대 학교 시스템에서 교사는 가해자였고 학생은 피해자였다. 영화 속에서 학생들이 문제적 행동을 보인다 해도, 이는 교사를 포함한 어른들이 만들어 낸 제도와 이념의 결과로 제시된다. 지오의 고립, 은영의 배신, 소영과 정숙의 경쟁, 정숙의 질투심과 무력감은 교사들의 폭력과 차별이 낳은 결과다.

〈여고괴담 두번째 이야기〉는 바로 이 지점에서 달라진다. 두 번째 영화는 가해와 피해의 선명한 이분법 대신, 모호하고 중첩되며 교차하는 관계와 감정을 전면에 내세운다. 학생들은 더 이상 피해자로만 머물지 않고, 때로는 가해자의 위치로 이동한다. 자신의 욕망이 무엇인지조차 분명히 인식하지 못하거나, 뒤늦게 깨닫는 인물들의 심리적 취약함 역시 적극적으로 드러난다. 그 결과, 교사는 학교 제도와 함께 배경으로 물러나고, 10대 소녀들 사이의 복잡한 감정과 욕망이 중심에 놓이게 된다.

10대 소녀들의 캐릭터와 감정 묘사에서, 〈여고괴담 두번째 이야기〉이후의 영화들은 첫 번째 영화가 아니라 두 번째 영화를 참조하게 된다. 두 번째 영화 역시 여자고등학교라는 제한된 공간, 억압적인 교육제도, 원한을 가진 여귀女鬼의 등장, 신인 감독과 배우의 기용이라는 프랜차이즈의 기본 규칙을 반복한다. 그러나 박기형 감독이 이미 충무로 현장 경험이 있고 이미연이라는 스타 배우가 출연했던 첫 번째 영화와 달리, 두 번째 영화의 연출자인 민규동과 김태용은 단편과 워크숍 외에는 상업영화 현장 경험이 없었으며, 박예진·이영진·김규리*·공효진 같은 주연 배우들 역시 신인에 가까웠다. 씨네2000은 기획영화의 장점을 적극 활용해 오디션 과정을 공개하고, '여고괴담' 시리즈를 신인 감독과 신인 여성 배우의 등용문으로 브랜드화함으로써 프랜차이즈의 정체성을 더욱 분명히 하게 된다.

---

* 현재 김규리로 활동 중이지만, 이 영화에 출연할 당시에는 김민선이라는 이름을 사용했다.

2장
'두번째 이야기', 두 번째 기원이 되다

"넌 잘 안 들리고,
 난 가끔 이상한 소리를 듣는다."
"무슨 소리?"
"너 처음 봤을 때, 굉장히 큰 종소리를 들었어."

반복과 차이
: '두번째 이야기'의 전략

첫 번째 영화가 미래를 가능하게 하는 조건을 만들어 냈다면, 프랜차이즈의 정체성을 확립한 것은 〈여고괴담 두번째 이야기〉였다. 정체성이란 반복만으로도, 차이만으로도 성립하지 않으며, 오직 반복과 차이의 긴장 속에서만 형성된다. 이러한 맥락에서 〈여고괴담 두번째 이야기〉는 단순한 속편이 아니라, 또 하나의 출발점, 즉 두 번째 기원으로 자리하게 된다.

〈여고괴담 두번째 이야기〉는 전작인 〈여고괴담〉과 유사한 소재와 제작 조건을 공유하면서도, 피해와 폭력의 구조를 다루는 방식, 그리고 여고생들 사이의 관계를 배치하는 방식에서 분명한 차별화 전략을 취한다. 민규동 감독 역시 이 지점을 분명히 밝힌 바 있다. 그는 한 인터뷰에서 전작이 보여 줬던 "교육 환경에 대한 날카로운 비판"과 "무서운 영화"의 틀과는 다른 이야기를 선택하는 것이 이 영화가 가진 "운명적 딜레마"라고 말한다.[2] 그의 말처럼 이 영화는 열일곱 소녀가 자신의 정체성을 탐색하는 과정과, 소녀들 사이의 관계, 특히 혐오의 문제에 더 천착한다. 김태용 감독 역시 인터뷰에서 이 영화에 대해 다음과 같이 설명한다. "답답한 시기를 표현하고 싶었다. 특별히 나쁜 애나 나쁜 선생님을 설정해 갈등 구조를 만들지 않은 것도 그런 답답함을 표현하기 위해서다. 그 시절이 갖는 즐거움, 슬픔, 무서움 같은 여러 가지 요소들을 합쳐 놓은 셈이다."[3] 이 차별화는 결과적으로 '책임의 위치'를 이동시킨다.

이러한 〈여고괴담 두번째 이야기〉의 차별화 전략 덕분에 이후의 세 번째, 네 번째, 다섯 번째, 여섯 번째 작품들 역시 각기 다른 개성을 주장할 수 있었다. 이런 점에서 '여고괴담'은 시리즈라기보다 프랜차이즈에 가깝다. 시리즈와 프랜차이즈 모두 이후의 시간에 열려 있고 확장될 수 있다는 점에서 유사하지만, 그 작동 방식에는 분명한 차이가 있다. 시리즈가 동일한 세계관이나 인물, 혹은 이야기의 연속성을 공유하는 방식이라면, 프랜차이즈는 브랜드와 시스템을 구축하고 이를 공유하는 방식에 더 가깝다. 상업영화 프랜차이즈를 신인 감독과 배우를 발굴하고 육성하는 플랫폼으로 만들겠다는 기획은, 오직 기획 자체의 독창성과 신선함만으로 경쟁할 수 있다는 제작사의 확신 없이는 성립하기 어렵다.

이 영화를 제작한 씨네2000은 한국영화에 새로운 르네상스의 기운이 감돌기 시작한 1995년, 기획시대(대표 유인택)와 합병을 통해 설립된 제작사이다. 씨네2000의 대표 이춘연은 이미 〈행복은 성적순이 아니잖아요〉와 〈그래 가끔 하늘을 보자〉, 〈성공시대〉(장선우, 1988) 등을 기획·제작하며 신인 감독들과 함께 여러 편의 흥행작을 만들어 낸 경험이 있었다. 이러한 이력은 신인 감독의 독창성과 실험성을 전면에 내세운 상업영화 제작에 대한 그의 확신을 뒷받침했다.

〈여고괴담 두번째 이야기〉 이전에도 씨네2000은 〈지독한 사랑〉(이명세, 1996), 〈3인조〉(박찬욱, 1997), 〈미술관 옆 동물원〉(이정향, 1998) 등을 제작했다. 이명세를 제외하면 모두 상업영화 연출 경험이 없는 신인 감독들이었으며, 이들의 작품은 장르 관습을 비틀거나 재해석하는 시도로 주목받았다. 또한 〈3인조〉를 제외한 대부분의 작품이 흥행에서도 의미 있는 성과를 거두었다는 점에서, 씨네2000의 기획 전략은 실험과 상업성 사이의 균형을 입증한 사례로 평가할 수 있다.

민규동과 김태용
: 공동연출과 주변성의 미학

그렇다면 씨네2000은 어떻게 민규동과 김태용 감독을 섭외하게 되었을까? 장편 상업영화에서 부부나 형제자매가 아닌 두 명이 공동연출을 한다는 것은 당시로는 거의 전례가 없는 일이었고, 지금까지도 매우 드물다. 민규동과 김태용은 한국영화아카데미 13기 동기로, 한국영화아카데미 재학 시절 워크숍 작업과 단편 연출을 함께 하며 신뢰에 기반한 협업 관계를 형성했다.

한겨레문화센터에서 영화 연출을 공부한 뒤 한국영화아카
데미에 입학한 민규동은 그 시절을 다음과 같이 회고한다.

한겨레문화센터에 다닐 때 수업 중에 봉준호 감독의 〈지리
멸렬〉(1994)과 장준환 감독의 〈2001이매진〉(1994)이라는 단편
을 봤어요. 그건 한국영화아카데미 졸업 작품이었고, 35mm
로 찍은 거였죠. 제가 열악하게 16mm로 찍었던 것과는 달리,
그 작품들은 블록버스터였어요. 그래서 영화를 제대로 만들기
위해서는 한국영화아카데미에 꼭 가고 싶다는 생각을 해서 거
기에 가게 됐죠. 그때 만났던 친구가 김태용인데 기질적인 면
에서도 비슷하고 잘 통했어요. 저희 스스로 덤앤더머dumb &
dumber라고 불렀거든요. 서로 '누가 덤이냐'라는 걸 놓고 싸웠
던 것 같아요. 서로 좀 구멍이 숭숭, 결핍이 많은 그런 사이여
서 많이 친했어요. 그리고 아카데미 시절에는, 우연하게도 2년
내내 세 작품을 하는 동안 계속 같은 조였어요. 그때 18명이 한
기수였는데, 9명씩 나눠서 돌아가면서 스탭도 하고, 연출도
하거든요. 그런데 계속 같이 한 거죠. 그래서 그때 (한국영화아
카데미에서 만든) 제 첫 번째 단편 제목이 〈지각대장 태용〉(1996)
이에요. (…) 굉장히 여러 면에서, 천생연분 같은 공통점을 많
이 느꼈어요. 단편 〈열일곱〉(1997)이 공동연출의 시작이었는데

요. 김태용 감독이 가출 청소년 인터뷰들을 모티브로 기획안을 내서, 3명이서 같이 시작했어요. 또, 제가 칼 세이건의 《창백한 푸른 점》이라는 천문학 서적을 모티브로 영화를 시작할 때, 김태용 감독에게 같이 해 보자고 해서 〈창백한 푸른 점〉(1998)을 공동연출하게 됐죠. 졸업 후에는 다른 친구들이 연출부, 조감독 생활을 시작할 때, 저랑 김태용 감독은 〈토이 스토리〉에 감명을 받아서 '3D 애니메이션이 대세다'라고 생각했어요. 그래서 홍대 시각디자인과 졸업생과 서울대 공대에서 애니메이션, 털 연구를 하던 사람들과 같이 회사를 만들어서 3D 애니메이션을 준비했어요. 저와 김태용 감독이 시나리오를 쓰고, 홍대 친구들이 '마야'라는 프로그램으로 3분짜리 트레일러를 만들었어요. 그 3분을 만드는 데에 1년이 걸렸어요. 그러면서 또 같이 작품을 준비했는데 만들어지지는 않았어요. 그 이후에 한 프로듀서가 〈열일곱〉을 보고 〈여고괴담 두번째 이야기〉를 제안했어요. 나중에 왜 공동연출을 제안했냐고 물어봤는데, 한 사람의 개런티로 두 사람을 쓸 수 있는 가성비, 두 사람을 쓰면 두 배의 효율이 있지 않을까 (생각했던 거 같아요).[4]

김태용은 한국영화아카데미 시절 "열정 없음"이 자신들을 의기투합하게 만들었다고 유사하게 회고한다. 그는 "내가 생각하는 영화는 소박했다. 내가 가진 생각과 감정을 어떤 곳에 찾아가서 카메라로 찍고 그것을 누군가에게 보여 주는 것이 영화였다. 반면 다른 친구들은 내가 한 번도 들어 보지 못한 영화와 감독들을 이야기하더라"[5]라고 말한다. 김태용 감독은 영화광이거나 영화 현장 경험이 비교적 풍부했던 동기들에 비해 자신이 영화에 대한 지식이나 열정이 부족한 것처럼 여겨졌다는 것이다. 그리고 자신과 비슷한 '열정 없는' 또 다른 동기가 민규동이었다고 한다. 다른 사람들은 영화 이야기를 하는데, 둘은 정치적인 사건, 사회, 책, 음악 이야기를 고루 나눴다고 한다.

'열정 없음'은 두 감독의 다양한 예술 장르에 대한 관심, 기술 매체 혁신을 향한 얼리어답터적 호기심, 사회적 소수자를 향한 적확한 관찰과 애틋한 연민으로 확장된다. 이러한 태도는 〈여고괴담 두번째 이야기〉에서 주변적이고 이질적인 요소들이 서사 속으로 끼어들 여지를 만들었고, 극적 인과보다는 산만한 연상에 근거한 편집, 생략과 모호함을 허용하는 구조로 이어졌다. 점토 애니메이션을 포함한 SF 단편 〈창백한 푸른 점〉이나 3D 애니메이션 기획 경험은, 〈여고괴담 두번째 이야기〉에서 캠코더를 활용한 유령적 시선과 CGI로 합성한 거대한 유령 얼굴의 연출을 가능하게 했을 것이다.

어쩌면 전체의 응집성보다는 세부의 즐거움에 집중하고, 생략과 충돌을 허용하는 이러한 편집 감각이 한국영화사에서 보기 드문 팬덤을 형성했을지도 모른다. 〈여고괴담 두번째 이야기〉는 상업영화임에도 불구하고 끈질기게 반복 관람하는 시네필 팬덤을 만들어 냈다. 이는 단순한 이야기의 흡인력이라기보다, 주변이고 작은 것들이 주는 날카로운 통증에 가까운 감각이 남기는 잔여에 대한 재접속의 욕망에 가깝다.

민규동의 얼리어답터적 '호기심'과 김태용의 '열정 없음'은 1990년대 중후반 한국 사회가 경험한 문화적 전환의 분위기와도 맞닿아 있다. 문민정부 출범 이후 민주주의가 제도 정치에서 구현되면서 문화 영역 역시 개방성과 다양성을 획득했다. 영화문화 전반으로 보면, 1995년 영화 주간지 《씨네21》과 월간지 《키노》가 창간됐다. 새로 창간된 영화 전문잡지들은 극장 개봉 소식이나 스타의 면면을 소개하는 것을 넘어서 세계 예술영화의 트렌드와 감독론 그리고 기획기사를 전면 배치했다. 특히 1996년 부산국제영화제, 1997년 부천국제판타스틱영화제와 서울국제여성영화제, 2000년 전주국제영화제가 연이어 설립되면서 시네필 문화의 주요한 플랫폼을 형성했다. 1990년대 들어 가정에 널리 보급된 비디오플레이어와 비디오 대여점의 확산 역시 관객층의 질적·양적 확장에 기여했다.

이와 함께 한국영화 산업에도 큰 변화가 일어났다. 1990년대 들어오면서 바야흐로 '기획영화' 시대를 맞이한다. 폴리비전 픽쳐스의 〈퇴마록〉(박광춘, 1998)과 삼성픽쳐스의 〈쉬리〉(강제규, 1999)처럼 한국형 블록버스터로 기획된 대형 흥행작뿐 아니라

〈여고괴담〉 시리즈를 기획한 씨네2000처럼 개성 강하고 작가적인 중저예산 상업영화를 제작하는 신생 영화사들이 상당수 설립되었다.* 대기업 자본이 영화시장에 참여하고 마케터 출신의 젊은 프로듀서들이 기획·제작 분야에 들어왔다. 이들은 단순히 트렌드를 좇는 것이 아니라 젊은 세대의 취향과 유행을 기획하고 이끌어 나갔다. 그리고 그러한 아이디어를 구현시켜 줄 새로운 연출자를 물색했다. 그러기 위해선 충무로의 도제 시스템을 벗어난 기용이 필요했다.

특히 삼성전자 주최로 1994년부터 1997년까지 4회간 개최된 서울단편영화제와 한국영화아카데미의 졸업 작품 콜렉션은 재능 있는 젊은 인력을 찾을 수 있는 주요한 플랫폼이었다. 봉준호와 장준환의 한국영화아카데미 졸업 작품인 〈지리멸렬〉과 〈2001이매진〉이 화제가 된 후 그들의 첫 장편을 기대하고 기다리는 관객 팬덤이 꽤 될 정도였다.** 프랑스에서 영화로 유학을 하고 돌아와 제1회 서울단편영화제에서 대상을 탄 〈우중

---

* 〈접속〉(장윤현, 1997), 〈조용한 가족〉(김지운, 1998), 〈공동경비구역 J.S.A〉(박찬욱, 2000), 〈와이키키 브라더스〉(임순례, 2001) 등의 명필름, 〈엽기적인 그녀〉(곽재용, 2001)의 신씨네, 〈비트〉, 〈태양은 없다〉(김성수, 1998), 〈8월의 크리스마스〉(허진호, 1998), 〈플란다스의 개〉(봉준호, 2000) 등의 우노필름(2000년 싸이더스로 변경), 〈반칙왕〉(김지운, 2000)의 영화사봄 등이 있다.
** 봉준호 감독은 〈플란다스의 개〉(2000)로, 장준환 감독은 〈지구를 지켜라〉(2003)로 장편 데뷔를 했다.

산책〉(1994)의 임순례도 유사한 사례였다.** 제작자와 프로듀서들은 영화과 졸업 작품과 영화제 단편영화를 일별하며 재능 있는 신인 감독을 적극적으로 물색했다. 씨네2000은 장편 데뷔 전 단편 〈과대망상〉(1996) 한 편과 짧은 기간의 조연출 경력밖에 없던 박기형 감독이 〈여고괴담〉을 성공시킨 경험에서 얻은 자신감으로 속편에서도 같은 방식으로 신인 감독을 두 명이나 과감하게 기용했다.

장편 데뷔 전 민규동은 한겨레문화센터에서 첫 단편 〈허스토리〉(1995)를 연출했고 한국영화아카데미에서 김태용과 단편 〈열일곱〉(1997)과 〈창백한 푸른 점〉(1998)을 공동연출했다.** 이 세 단편에서는 〈여고괴담 두번째 이야기〉의 흐릿한 원형을 엿볼 수 있다.***

〈허스토리〉는 민규동이 한겨레문화센터 1기 졸업 작품으로 연출한 영화다. 당시 한겨레문화센터는 졸업생들에게 경선을 통해서 선정된 세 기획에만 영화를 만들 수 있는 기회를 주었다고 한다. 민규동 감독의 기획은 1차에서 떨어졌다가, 선정된 작품 중 한 편의 제작이 무산되면서 운 좋게 완성될 수 있었다.

** 임순례 감독은 〈우중산책〉이 호평을 받은 후 저예산영화 〈세친구〉로 장편 데뷔를 했다.

** 민규동 감독이 단독으로 연출한 두 번째 단편은 한국영화아카데미에서 만든 〈지각대장 태용〉(1996)이었다.

*** 세 단편 모두 〈여고괴담 두번째 이야기〉 DVD 박스 세트에 포함되어 있다.

이 과정에서 본래 트랜스젠더였던 주인공을 레즈비언으로 변경했다. 1990년대 중반은 PC통신 문화가 확산되고 문민정부 이후 시민인권운동의 패러다임이 변화하면서 페미니즘과 성소수자 운동이 문화운동과 교차하던 시기였다. 특히 월간《키노》는 페미니즘과 퀴어 관점의 영화와 비평을 적극적으로 소개했다.* 이러한 사회 분위기 속에서 민규동 감독은 페미니스트 실존주의 철학자 시몬 드 보부아르Simone de Beauvoir의 《제2의 성》과 여성 동성애자였던 후배의 커밍아웃 이야기에서 영감을 받아 시나리오를 구상했다고 한다. 하지만 후배가 들려준 개인 서사에서 멈추지 않고 자료 조사를 위해 다른 여성 동성애자들과의 비대면 인터뷰도 시도했다.**

* 예를 들어《키노》1996년 봄 스페셜 1호(14호)는 DOSSIER 기사(심층 보도)로 퀴어 시네마를 다뤘고, 1996년 9월호(18호)에서는 특집기사로 〈Queer Cinema: 천사들의 캠프, 레즈비언 시네마〉라는 제목하에 '게이(남성 동성애)' 영화와 분리시켜 레즈비언 '퀴어' 시네마를 소개하기도 했다. 1990년대 초중반은 미국에서 '뉴퀴어시네마New Queer Cinema' 운동이 일어나고 퀴어문화가 대중화되던 시기여서 전 세계적으로 퀴어영화가 질적·양적으로 성장하고 있었다. 그에 따라 기획기사가 아니더라도《키노》는 국제영화제에 초청된 시네필 취향의 퀴어영화들을 자주 소개했다.

** 민규동 감독은 한 여성지와 인터뷰한 여성 동성애자에게 연락해 시나리오 피드백을 받았다고 한다. 신분을 노출하지 않으려고 첩보 작전을 하듯 약속된 서점의 책 사이에 질문지를 넣고 가면 인터뷰 대상자가 질문지를 회수해 답을 하는 형식이었다. 그녀는 인터뷰 답지에 '우리를 잘 모르는 것 같다'고 혹평을 했고, 민규동 감독은 그러한 피드백을 반영해 시나리오를 완성했다. 김지연, 〈민규동 감독의 '데뷔의 순간'. 씨네플레이와 한국영화감독조합의 〈한국영화, 감독〉 인터뷰〉,《씨네플레이》2024년 3월 29일. www.cineplay.co.kr/ko-kr/articles/14114(검색일: 2025년 6월 15일)

〈허스토리〉는 극 속의 극, 현재와 과거를 오고가는 서사, 즉 미장아빔mise en abyme 형식으로 되어 있다. 연극 연출자이자 레즈비언인 주인공 주혜가 '허스토리'라고 쓰인 비디오테이프를 꺼내면서 영화는 시작된다. 현재 주혜는 커밍아웃을 주제로 한 연극을 준비 중인데, 연극을 반대하는 혐오 세력에게 "이 호모년아"라고 욕하는 전화를 받는다. 이러한 공격에 배우마저 연습에 올 수 없다고 하자, 주혜는 연극을 무대에 올릴지 고민한다. 그러는 사이 영화는 연극에 영감을 준 주혜의 여고 3학년으로 돌아간다.

내성적인 모범생 반장 주혜는 미국에서 전학 온 준경에게 한눈에 반한다. 톰보이 스타일의 자유분방한 준경은 교사의 여성차별적 발언을 정면으로 비판한다. 주혜가 혼란스러운 감정을 느끼는 사이, 청미와 준경이 사귀면서 주혜는 마음을 접는다. 그러나 청미가 둘의 관계를 공개하면서 둘은 주변의 혐오 공격을 받고 끝내 헤어진다. 시간이 지나 청미는 남자와 결혼하는 평범한 삶을 꿈꾸고, 준경은 자살했다는 소식을 듣는다. 주혜는 3년 전 준경의 편지를 받았지만 답하지 못해 죄책감을 느끼고 있다. 주혜는 준경이 어둡고 외로운 길에 혼자 있지 않도록 뒤늦게 커밍아웃하고 연극을 무대에 올리기로 결심한다.

톰보이 스타일의 소녀, 기성세대에 반항하는 소녀, 소녀들 사이의 삼각관계, 커밍아웃과 아우팅, 동성애혐오와 자살, 극

속의 극, 과거와 현재의 교차, 서사적 매개로 쓰이는 피아노와 비디오테이프는 〈여고괴담 두번째 이야기〉에서도 반복된다. 〈여고괴담 두번째 이야기〉에서 교환일기를 이용해 과거와 현재를 오가는 미장아빔 구조는 〈허스토리〉의 연극 및 비디오테이프 활용과 닮아 있다. 뿐만 아니라 〈허스토리〉의 주혜, 준경, 청미의 관계는 〈여고괴담 두번째 이야기〉의 민아(김규리), 효신(박예진), 시은(이영진)의 구도를 떠올리게 한다. 하지만 각 인물들은 대칭을 이루지 않으며, 〈허스토리〉에서 자살로 생을 마감하는 준경은 효신과 시은의 캐릭터에 고루 분배된다. 두 영화 모두 결론에서 〈여고괴담 두번째 이야기〉의 영어 제목인 'Memento Mori(죽음을 기억하라)'의 애도 수행에 초점을 맞춘다. 주혜는 준경이 남긴 유산을 잇기 위해 동성애 반대 세력의 공격에도 연극을 무대에 올리며 커밍아웃을 결심하고, 효신과 시은의 사랑에 몰입하던 민아 역시 마지막에 학교 옥상 문을 열고 나가며 외로웠던 효신의 죽음을 애도한다.

　김태용이 기획하고 두 감독이 처음으로 공동연출한 〈열일곱〉은 〈허스토리〉와는 다른 관찰자적 스타일을 보여 준다. 이 영화는 백댄서가 꿈인 소년들과 아이돌스타를 만나고 싶은 소녀들을 주인공으로 한다. 영화는 학교 밖 청소년의 일상을 인류학적으로 관찰한다. 그렇게 그려 낸 초상화는 그들의 반항을 무한정 긍정하지도 부정하지도 않는다. 그들은 무리를 지어 춤

추고 콘서트를 가며 꿈과 사랑하는 대상을 좇지만, 또한 편의점에서 물건을 훔치고 욕하고 담배 피우고 술 마시며 그저 자신을 소모한다. 의미 있음과 의미 없음, 꿈을 향한 열정과 일상의 소모, 반항과 자괴감이 혼란스럽게 공존하는 10대 청소년의 삶을 영화는 옳고 그름을 판단하지 않고 관찰자적인 태도로 수용한다. 카메라는 날카롭고 지적이지만 동시에 내부적 시선을 갖고 있다.

〈여고괴담 두번째 이야기〉에서도 비평가들과 관객들을 사로잡았던 것 중 하나가, 바로 여고생의 또래 문화가 도덕적 판단이나 청량함의 포장 없이 사실적으로 그려졌다는 것이었다. 그들 사이의 우정뿐 아니라 서슴없는 외모 지적, 남자 교사 훔쳐보기, 같은 반 학생에 대한 질시와 혐오 선동 등 부정적으로 보일 만한 에피소드도 가감 없이 묘사된다. 영화는 이들을 처단하고 단죄하기보다는 이러한 행동들이 나이에 상관없이 인간이라면 누구나 가질 수 있는 어리석고 서툰 단면의 결과임을 역설하는 동시에, 개인의 행위에 따른 책임도 간과하지 않는다. 그러한 연출로 인해 주·조연 모두 생동감 있는 입체성을 갖게 된다.

한두 명의 주인공과 그들의 서사에만 집중하기보다 다양한 인간 군상과 상호의존적 관계를 그린 다성적인 앙상블 서사를 선호하는 경향은 민규동과 김태용의 필모그래피에서 공통적

으로 꾸준하게 발견된다.* 〈여고괴담 두번째 이야기〉 이후 두
감독의 필모그래피를 보면 민규동의 경우, 두 번째 장편 〈내
생애 가장 아름다운 일주일〉(2005)에서는 각기 다른 여섯 커플
의 사랑을 일주일이라는 한정된 시간 안에서 끌고 가는 다중
서사구조를 사용하고, 세 번째 장편 〈서양골동양과자점 앤티
크〉(2008)에서는 과자점 앤티크에서 일하는 네 남자의 트라우
마 서사를 거의 균등하게 풀어 가며, 네 번째 장편 〈세상에서
가장 아름다운 이별〉(2011)에서는 평생 가족을 위해 희생해 온
중년 여성이 말기암 진단을 받고 이별을 준비하는 과정을 중
심으로 치매 걸린 시어머니, 남편, 딸과 아들의 이야기가 펼쳐
진다. 그리고 여덟 번째 장편인 〈허스토리〉(2018)에서 주인공은
여행사 사장 문정숙(김희애)이지만, 문정숙이 도운 '관부(關釜)
재판'에 손해배상을 청구한 일본군 '위안부' 피해자 3명과 여자
근로정신대 피해자 7명 등 총 10명의 피해자 할머니들의 다양
한 사연을 고루 보여 준다.

　서사 구성에서 민규동이 보여 준 공동체적 성향은 그가 옴

---

* 　복수의 주인공들이 한 장소나 시간대를 중심으로 교차하는 다성적인 앙상블 서사
　는 비선형 편집으로의 전환 및 거대서사의 몰락과 함께 1990년대 말에서 2000
　년대까지 할리우드에서 하나의 중요한 흐름을 만들었다. 대표적으로는 〈숏 컷
　short cuts〉(로버트 올트먼, 1993), 〈매그놀리아Magnolia〉(폴 토머스 앤더슨, 1999), 〈러브 액
　츄얼리Love Actually〉(리처드 커티스, 2003) 등이 있다.

니버스영화에 자주 참여하고[**] 기획·제작자로도 활발하게 활동해 온 경력[**]에서도 엿보인다. 또한, 민규동 감독은 연출한 영화 전반에서 일탈적이거나 비규범적인 여성을 포함한 사회적 소수자들이 억압과 편견에 저항하는 서사를 지속적으로 포착하려는 시도를 이어 왔다.[**]

한편 김태용 감독은 〈여고괴담 두번째 이야기〉 이후, 단편영화와 다큐멘터리를 연출하고 친분이 있는 감독들의 영화에

[**] 〈디지털 단편 옴니버스 프로젝트 이공〉(민규동 외 19인, 2004), 〈디지털 단편 옴니버스 프로젝트 이공 2〉(민규동 외 9인, 2005), 〈오감도〉(변혁·허진호·유영식·민규동·오기환, 2009), 〈무서운 이야기〉(정범식·임대웅·홍지영·김곡·김선, 2012), 〈무서운 이야기 2〉(민규동·김성호·김휘·정범식, 2013), 〈무서운 이야기 3〉(백승빈·김선·김곡·민규동, 2016), 〈100x100〉(총괄감독 민규동 외 99인, 2020), 〈SF8〉(민규동·노덕·한가람·이윤정·김의석·안국진·오기환·장철수, 2020).

[**] 〈열세살, 수아〉(김희정, 2007), 〈키친〉(홍지영, 2009), 〈김종욱 찾기〉(장유정, 2010), 〈당신, 거기 있어줄래요〉(홍지영, 2016), 〈새해전야〉(홍지영, 2020), 〈보이스〉(김선·김곡, 2021).

[**] 자기 논리와 주장이 독단적일 정도로 센 〈내 아내의 모든 것〉(2012)의 연정인(임수정), 리더십과 정의감이 탁월한 〈허스토리〉의 문정숙, 간호로봇이면서 가장 인간적인 고민을 하는 〈간호중〉의 간호중(이유영), 60대 청부살인업자이면서 상처입은 것에 연민을 느끼는 〈파과〉(2025)의 조각 등 개성이 뚜렷한 다양한 나이대의 주체적인 여성들을 주인공으로 등장시켰다. 또한 기획·제작자로서 김희정, 홍지영, 장유정 같은 여성 감독들과 꾸준히 협업해 오고 있다. 뿐만 아니라, 〈여고괴담 두번째 이야기〉 이후에도 성소수자 캐릭터를 종종 영화에 출연시켰다. 〈내 생애 가장 아름다운 일주일〉에서는 재경(천호진)과 동만(김윤석)을 통해 중년남성 동성애자의 이야기를 포함시켰고, 〈서양골동양과자점 앤티크〉에서는 민선우(김재욱)를 '마성의 게이'로 설정했으며, 〈끝과 시작〉에서는 정하(엄정화)와 나루(김효진)가 과거 동성 연인이었던 것으로 묘사된다.

단역으로 출연하는 등 다채로운 이력을 쌓았다. 그리고 2006년 두 번째 장편인 〈가족의 탄생〉에서 비규범적이고 '퀴어한' 가족의 초상을 그린다. 이 영화는 1인 가족, 이부남매 가족, 두 엄마 가족 등 결핍된 것이 아니라 그저 다른 가족의 스펙트럼을 펼쳐 놓는다. 이 영화 역시 개별적인 세 에피소드로 이뤄져 있지만 결국은 서로 만나게 되는 다중서사 구조를 갖고 있으며, 사실주의적 서사에 디지털 시각효과로 된 판타지적 요소가 급작스럽게 끼어든다는 면에서 〈여고괴담 두번째 이야기〉를 연상시킨다. 이 영화에서 남성은 다양한 형태로 가족을 연결하는 매개로 기능할 뿐이고, 정작 가족을 지키고 확장하는 주체는 한 명의 여성이 아니라 복수의 여성들이 된다.

홀로 충만한 삶을 살던 미라(문소리)의 집에 전과자인 남동생 형철(엄태웅)이 스무 살 연상의 연인 무신(고두심)을 데리고 들어온다. 미라는 못마땅하지만 그녀를 받아들이고 심지어 무신의 전 남편의 전 부인 딸인 채현(정유미)까지 거두며 가족을 꾸리고 산다. 오히려 형철은 그 가족을 바로 떠나 버린다. 두 번째 에피소드에서 선경(공효진)은 소원해진 엄마 매자(김혜옥)가 암에 걸려 죽은 후 이부동생 경석(봉태규)과 가족을 이뤄 산다. 마지막 에피소드는 연인이 된 채현과 경석을 보여 준다. 자기 엄마들처럼 끊임없이 베풀고 정을 나누는 채현은 자신을 독점하려는 경석과 갈등하게 된다. 이 영화에 성소수자는 나오지 않지만, 연인 관계가 아닌 두 엄마와 혈연으로 묶이지 않은 딸로 이뤄진 가족, 그리고 아버지가 다른 남매로 이루어진 가족의 결합은 매우 비규범적이고 퀴어하다.

결말에서 채현의 가족과 경석이 함께 저녁을 먹은 후 텔레비전을 보는데 우연히 선경이 소속된 합창단이 노래하는 장면이 방영된다. 그 순간, 선경이 하늘 위로 떠오르며 폭죽이 터지는 판타지가 삽입된다. 맥락 없이 삽입되는 선경의 부상하는 얼굴은 〈여고괴담 두번째 이야기〉의 유령 얼굴을 여지없이 떠올리게 한다.* 멀리 떨어져 있고 아직 만나지 않았음에도 선경 역시 가족으로 연장된다. 비혈연의 낯선 이들까지 가족으로 확장하며 인연의 붉은 끈을 엮는 여성들의 포용과 연민은 누군가에게는 헤픈 것처럼 보일 수 있지만 그것이야말로 새로운 관계를 가능하게 해 온 원동력이다.

김태용 감독**의 이러한 세계관은 세 번째 장편 〈원더랜드〉

* 김태용 감독 본인도 주변에서 선경의 떠오름이 〈여고괴담 두번째 이야기〉의 학교 천창天窓에 나타난 효신의 커다란 얼굴과 닮아 있다는 말을 많이 들었다고 한다. 김태용·민규동, 정리 오정연, 〈주목! 〈가족의 탄생〉 [5] – 김태용·민규동 대담〉, 《씨네21》 통권 554호, 2006년 5월 31일. https://cine21.com/news/view/?mag_id=38768
** 김태용 감독은 〈가족의 탄생〉 이후 단편 〈달리는 차은〉(2009), 〈오랜 연인들〉(2011), 〈뷰티풀 2012〉(2012), 〈그녀의 연기〉(2013), 〈차라도 한 잔, 영화도 한 편!〉(2013), 〈피크닉〉(2014), 〈그녀의 전설〉(2015), 장편 〈만추〉(2011), 국악장편 〈꼭두 이야기〉(2018) 등을 감독했다.

(2024)에서도 반복된다. 네 명의 주인공과 주변 인물들의 다중 서사가 옴니버스처럼 구성된 영화는 가족과 연인의 친밀한 관계성을 다시 묻는다. 죽은 사람을 인공지능으로 복원하는 '원더랜드' 가상 플랫폼 서비스가 일상이 된 미래가 배경이다. 원더랜드에서 바이리(탕웨이)는 어린 딸을 위해 자신의 죽음을 숨기고 고고학자가 되고, 코마 상태에 있는 태주(박보검)는 여자친구 정인(배수지)에 의해 우주인으로 살게 된다. 데이터로 된 그들 역시 감정을 느끼고 자기 존재를 성찰한다. 그렇다면 이들은 인간과 무엇이 다른가. 눈에 띄는 차이점은 인공지능 데이터의 소멸, 즉 가상세계 인물의 죽음이 그 존재의 탄생을 주문한 인간의 선택과 플랫폼 기업에 종속되어 있다는 것이다.

흥미롭게도 이 영화는 죽음, 이별, 사랑 등의 감정을 탐구하면서도 멜로드라마적인 격한 감정을 추구하거나 특정 인물에 대한 동일시를 구조화하지 않는다. 오히려 건조한 호의를 가진 인류학적 관찰의 태도에 더 가깝다. 아마 감독과 관객을 대신하는 존재는 바이리의 세계에 출몰하는 원더랜드 소속 AI 직원 성준(공유)일 것이다. 그는 '당신이 진짜라고 믿으면 진짜가 된다'는 메시지를 전한다. 〈가족의 탄생〉의 채현처럼 성준은 인간이든 비인간이든 모두에게 고루, 연민을 품는다. 어쩌면 〈여고괴담 두번째 이야기〉까지 김태용의 필모그래피를 관통하는 정동은 평등한 연민이라고 할 수 있다.

민규동과 김태용 모두 현재까지의 필모그래피를 보면 의지적 선택이든 우연한 기회든 결과적으로 다중서사나 옴니버스적 서사구조를 선호한 것을 볼 수 있다. 이러한 경향은 당연히 한 인물에 대한 일관된 동일시와 통합된 서사를 방해한다. 즉, 인물과 서사보다는 어떤 사안이나 상황의 제시와 배치, 심지어는 서사와 이미지의 충돌에 더 관심이 많은 것처럼 보인다. 특정 사안과 상황은 기존의 관습을 깨는 소품 활용과 이미지의 돌발적인 삽입으로 뒤틀리고 재차 어긋난다. 이는 두 감독의 영화가 비평가와 관객 모두에게서 양가적인 평가를 받게 만든 주요 요인 중 하나다. 심도를 지닌 중심으로 향하기보다는 원심력을 갖고 주변성으로 열려 있는 민주적인 서사를 구현한다고 할 수 있지만, 동시에 나열된 에피소드들의 열린 구조가 주제를 모호하고 피상적이게 만든다는 평가도 있다.

　하지만 〈여고괴담 두번째 이야기〉의 경우, 두 감독은 단점이 될 수도 있는 양상들을 서로 보완하는 것처럼 보인다. 느슨한 에피소드 나열의 구성은 여러 시간대를 오가는 복잡한 서사구조로 보완되고, 자칫 관습적일 수 있는 장르적 약호의 사용은 과감한 시청각 효과들로 신선해진다. 그러면 이제 본격적으로 〈여고괴담 두번째 이야기〉의 장면으로 들어가 보자.

김태용(왼쪽)과 민규동(오른쪽) 감독.

▲ 〈가족의 탄생〉(김태용, 블루스톰 제작·롯데엔터테인먼트 배급, 2006) 촬영 현장에서 김태용(왼쪽)과 문소리(오른쪽).
▼ 〈파과〉(민규동, 수필름 제작·NEW 배급, 2024) 촬영 현장에서 이혜영(왼쪽)과 민규동(오른쪽).

3장
벽장으로서의 교환일기
: 환상과 죽음의 결속

"늘 살기 싫다는 건 너였는데,
내가 죽으면 사람들한테 어떤 애로 기억될까?"

앞서 기술했듯이 〈여고괴담 두번째 이야기〉는 복수의 '벽장들'로 이루어져 있다. 이 영화는 러시아 인형 마트료시카처럼 커다란 벽장 안에 여러 개의 벽장을 품고 있다. 벽장은 비밀과 환상의 내부 그리고 폭로와 사실의 외부라는 경계를 갖지만, 그 경계는 단단하지 않고 끊임없이 상호침투하고 오염되며 다른 경로들을 생성한다. 학교가 아무리 억압하고 통제하더라도 실재하는 존재와 욕망을 제거할 수 없으며, 그 틈새에는 억압되고 주변화된 존재들이 임시적으로 거주하고 교류할 수 있는 환상적 개구멍들이 생겨난다. 이 장에서는 그러한 벽장으로 기능하는 영화적 공간을 중심으로 〈여고괴담 두번째 이야기〉를 살펴보고자 한다.

프롤로그
: 교환일기에 연루되기

효신과 시은의 교환일기는 이 영화에서 무엇보다 중요한 소품이다. 그것은 두 사람의 비밀을 품고 있을 뿐 아니라, 민아가 이들의 이야기 속으로 진입할 수 있게 만드는 시간여행의 통로로 기능한다. 두 감독은 1999년 2월, 오기민 프로듀서로부터 〈여고괴담 두번째 이야기〉 연출 제의를 받고 한 차례 고사

했다가, 일주일 뒤 이를 수락했다고 한다. 단편영화를 연출하던 때부터 여고생 이야기를 다뤄 온 만큼, 이들은 이 영화를 진정성 있게 접근해야 한다는 압박을 느꼈던 것으로 보인다. 이에 두 달간의 자료 조사와 더불어, 2주 동안 여고 연극반 담당 강사로 나서 여고생들과 함께 생활하며 인터뷰를 진행했다. 이러한 조사 과정을 거쳐 로케이션 장소인 창동여고를 방문하던 중, 자살과 교환일기라는 두 가지 모티브를 떠올린다.[6]

1998년에 여성 청소년 동반자살 사건이 여럿 일어났는데, 두 감독은 그 자살의 연유가 단순히 학업 스트레스로만 획일화되어 서술되고, 아이들이 하나의 집단으로 동질화되는 데 강한 거부감을 느꼈던 것으로 보인다. 아무리 미성년자라 하더라도, 죽음의 원인을 단 하나로 환원하는 일은 폭력적일 수 있다. 그러나 이 영화는 죽음의 진실을 추적하는 미스터리 스릴러의 방식을 택하지 않는다. 대신 한낮의 학교 옥상에서 투신해 사망한 여학생이 생전에 무엇 때문에 기뻐했고 괴로워했는지를 따라간다.

교환일기는 효신의 "사랑의 깊이, 집착의 정도",[7] 그리고 죽음에 이를 정도의 허무와 절망을 담아내는 장소다. 주로 교환일기를 꾸미는 이는, 이를 먼저 제안한 효신이다. 효신은 교환일기에 시은을 향한 사랑을 다채롭게 표현할 뿐 아니라, 자신이 들은 음악(비지스의 '홀리데이')을 공유하고, 함께 관람한 영화(〈미술관 옆 동물원〉)의 티켓을 붙이고, 자신의 내면을 비추는 거울 페이지를 만들고, 지옥도 같은 환상적 미로로 형상화된 학교 지도를 그려 넣는다. 여기에 함께하자는 약속과 알 수 없는 짙은 허무감까지 적어 내려간다. 반면 시은은 더 단순하다. 그는 주로 자신의 달리기 컨디션과 육상선수로서의 목표를 기록한다.[*]

이 영화에서 교환일기는 단순한 소품이나 서사의 매개가 아니라, 효신과 시은의 관계가 거주하는 하나의 '벽장'이다. 교환일기는 둘만이 접근할 수 있는 사적인 공간이자, 사랑을 기록하고 증식시키는 장소이며, 동시에 발각되는 순간 가장 면

[*] 〈여고괴담 두번째 이야기〉 DVD 박스 세트(UE dts 6Disc, 디지팩, 출시: 2005.11.24.)에는 실제 영화 촬영에 사용된 교환일기 복제품이 포함되어 있다. 원본 교환일기는 민규동 감독의 기증으로 한국영상자료원에 소장되어 있다. 민규동 감독은 한 인터뷰에서, 당시 미술·소품팀에 속해 있던 젊은 여성 스태프 한 명이 이 교환일기를 제작했다고 밝혔다(김수정, 〈여고괴담 두번째 이야기'에 관한 흥미로운 사실 13가지〉, 《노컷뉴스》, 2018년 7월 29일. https://www.nocutnews.co.kr/news/5007956). 이 영화의 아트디렉터는 이대훈이며, 교환일기를 실제로 제작한 스태프는 아트팀 소속의 전미로 추정된다. 필자는 교환일기 원본을 직접 만지고 펼쳐 읽는 기회를 가졌는데, 그 안의 텍스트와 장식의 밀도가 마치 시은과 효신이라는 인물이 실제로 존재했던 것처럼 강한 실재감을 생성했다. 민아가 된 것 같은 느낌을 받았다. 거울 장식, 병풍 형식의 지옥도, 여러 장의 종이를 겹쳐 만든 구조는 영화 속 미장아범이나 눈부처의 형식을 물질적으로 구현하고 있었다. 특히 영화에는 등장하지 않지만, 교환일기에 포함된 시은의 연필 초상과 뒤쪽의 비어 있는 페이지들은, 두 사람의 관계가 붕괴되고 효신이 죽음에 이르는 과정을 침묵 속에서 증언하는 흔적으로 읽혔다. 이러한 체험은 교환일기가 단순한 소품을 넘어 관계의 기억과 상실을 물질적으로 보존하는 장치라는 사실을 깨닫게 했으며, 이 책에서 교환일기를 중심으로 영화를 다시 읽게 된 계기가 되었다. 교환일기를 제작한 전미의 작업은 영화의 형식적 구조와 퀴어한 정동을 물질적으로 구현한 핵심적인 미학적 성과다.

저 위협받는 취약한 장소다. 이 안에서 욕망은 말해질 수 있지만, 공적인 언어로 번역될 수는 없다. 교환일기는 드러냄과 은폐, 선언과 삭제가 동시에 작동하는 장치이며, 효신과 시은의 관계는 바로 이 벽장 안에서만 유지될 수 있다. 따라서 교환일기를 읽는다는 것은, 두 인물이 숨겨 온 비밀을 폭로하는 일이 아니라, 그들이 왜 그런 방식으로 사랑했는지를 이해하는 일에 가깝다.

　오프닝 타이틀이 등장하기 전에 제시되는 프롤로그 장면은 교환일기의 일부 페이지와 그것을 꾸미는 손을 클로즈업한 숏들의 몽타주로 시작된다. 종이의 질감, 손글씨의 리듬, 스크랩된 이미지와 텍스트들은 이것이 누구의 이야기인지 명확히 제시되지 않은 채 관객에게 던져진다. 관객은 이 몽타주를 통해 누군가의 내밀한 세계에 예고 없이 연루되며, 영화는 처음부터 관객을 읽는 자이자 동시에 엿보는 자의 위치에 놓는다. 이어서 교환일기를 꾸미는 몽타주와 효신이 시은과 함께 물속에서 동반자살을 시도하는 장면이 교차편집된다. 프롤로그의 숏 배열은 다음과 같다.

#1 교실
1　어둠 속에서 성냥불이 켜진다. 성냥불을 초에 붙인다
2　천을 초에 태운다

실제 〈여고괴담 두번째 이야기〉 촬영에 사용된 다이어리.

3   글자를 일기장에 붙인다

4   가위로 시은 사진을 오린다

5   일기장에 글씨를 쓴다

6   (인서트) 물에 빠지는 효신

7   L자를 쓴다

8   연필깎이가 보인다

9   하트 모양 안에 글씨를 쓴다

10   색연필을 초에 태운다

11   (인서트) 물속으로 가라앉는 효신과 시은

12   깨알 같이 쓰여 있는 일기의 글씨

13   (인서트) 계속해서 물속으로 가라앉는 효신과 시은

14   일기장에 보이는 Happy New Year

15   (인서트) 물속으로 가라앉는 묶인 발

16   종이판 조각들을 '후' 부는 효신[8]

교환일기 표지를 감쌀 붉은 천의 올이 촛불로 태워지고, 잡지에서 오려 낸 문자들이 붙여지며, 다양한 필기구로 쓰고 색칠된 글과 장식이 반복된다. 시은의 사진이 부착되고, 하트 모양을 오려 낸 붉은 색종이에 시은을 향한 메시지가 빼곡히 채워지며, 형광펜으로 'L'자가 겹쳐 그려진다. 교환일기 안에 반복적으로 장식된 이 'L'자는 한눈에 쉽게 읽히지 않는다. 그것은 단순

한 암호라기보다 찾으려는 이에게만 보이는 표식에 가깝다.

그럼에도 'L'자는 명시적으로 대본에 쓰여 있으며, 'Love, Lesbian, Lust, Lie, Life' 등 다양한 글자를 연상시킨다.* 이러한 점에서 감독들은 프롤로그부터 이 영화가 레즈비언 관계를 다루고 있다는 사실을 숨길 의도가 없음을 분명히 선언하는 것처럼 보인다. 실제로 감독들은 한 인터뷰에서 "(이 영화를) 여성영화, 그리고 퀴어영화로 봐 줬으면!"[9]이라고 요청한 바 있다. 이러한 명시적 호명은 당시로서는 매우 급진적인 것이었다. 1990년대에 한국영화에서 성소수자가 조금씩 가시화되고 있기는 했지만 여전히 장르적 장치로 도구처럼 활용되거나, 그들의 정체성과 삶에 대한 관심보다는 기이하고 특이한 '양념'처럼 소비되는 경우가 많았기 때문이다.**

---

* 미국 로스앤젤레스에 사는 레즈비언들의 삶을 그린 유명 드라마의 제목도 〈엘 워드The L Word〉(2004~2009, 쇼타임)이다. 퀴어적 맥락에서 'L자'는 통상적으로 'Lesbian'을 의미한다.

** 1990년대 성소수자가 등장하는 작품으로 〈이태원 밤하늘엔 미국달이 뜨는가〉(윤 삼육, 1991), 〈뻘〉(이만, 1991), 〈마스카라〉(이훈, 1994), 〈애마부인 10〉(석도원, 1994) 등의 에로영화, 〈가슴달린 남자〉(신승수, 1993), 〈치마입은 남자〉(송명근, 1994), 〈오디션〉 (이경민, 1996), 〈체인지〉(이진석, 1997), 〈찜〉(한지승, 1998) 등의 복장전환·보디 체인지 영화를 들 수 있다. 이 영화들은 성소수자를 다소 선정적이거나 은유적으로 활용한 사례들이다. 이에 비해 성소수자의 삶을 진지하게 다룬 영화로는 남성 동성애자를 주인공으로 내세운 〈내일로 흐르는 강〉(박재호, 1995)과, 차별과 폭력에 저항하는 여성 집단 안에 트랜스젠더를 포함시킨 〈개 같은 날의 오후〉(이민용, 1995)를 들 수 있다.

〈여고괴담 두번째 이야기〉(김태용·민규동, 1999, 씨네2000 제작, 시네마서비스 배급) 오프
닝에서 'L'자를 쓰는 효신의 손(◀)과 'LOVE'가 그려진 다이어리 페이지(▲).

여기서 'L'자 외에도 두 사람의 관계가 동성애적 관계임을 표명하는 관습적 기호들이 등장하는데, 그것은 바로 붉은 끈과 동반자살이다. 물속으로 가라앉는 효신과 시은의 발목에는 붉은 끈이 묶여 있다. 붉은 끈은 동북아시아 문화권에서 운명적인 사랑을 이어 주는 실을 상징하는 기호로 널리 알려져 있다. 그러나 이 영화에서 두 사람의 사랑은 타인에게 인정받지 못할 뿐 아니라, 시은마저 주변의 혐오 어린 시선을 의식하며 효신과의 관계를 부인한다. 결국 시은은 붉은 끈을 풀고 혼자 물 밖으로 나오기 위해 버둥댄다.

이처럼 프롤로그는 'L'자(겹쳐 쓰여 잘 읽히지 않는 표식), 붉은 끈(운명적 사랑의 상징), 그리고 물속의 동반자살 이미지(결속과 파국을 동시에 내포한 표상)를 하나의 덩어리로 엮어, 이 관계가 '사랑'이면서 동시에 '숨겨야만 하는 사랑'이라는 조건을 첫 장면부터 강하게 밀어붙인다. 이 동반자살의 기호가 어디에서 왔고 어떤 역사적·사회적 감각을 호출하는지에 대해서는 다음 절에서 서술하고, 먼저 이 프롤로그가 관객의 시선과 청각을 어떻게 진실의 흔적으로 유도하는지부터 이어가 보자.

교환일기는 충만한 사랑으로 가득 찬 환상적 공간으로 제시되는 반면, 동반자살이 감행되는 물속은 빼앗긴 환상을 되찾기 위한 재탄생의 모성적 공간으로 형상화된다. 물속에서 효신은 마치 자궁 속 태아를 연상시키는 자세를 취하며, 재탄생의 이미지를 강력하게 환기한다. 효신은 의도적으로 시은의 생일에 스스로 죽음을 선택한다. 죽음은 곧 재탄생을 가능케 하는 조건이 되며, 이를 통해 효신은 자신이 죽는 날을 둘의 생일로 다시 설정한다. 이 선택은 효신과 시은이 눈부처를 언급하며 서로를 눈동자에 담고, 교환일기를 쓰기로 약속했던 수영장이라는 둘만의 환상적 공간으로 되돌아가려는 시도이기도 하다. 또래 학생들의 무리에 스며들지 못하고 튕겨 나오던 두 사람은, 수영장에서 서로의 퀴어함을 알아본다. 그러나 이 알아봄만으로는 그들의 관계가 사회 안에서 지속되기에 충분하지 않으며, 효신과 시은 역시 자신들의 관계가 외부로부터 인정받기를 바란다.

교사에게 교환일기를 빼앗겨 둘의 관계가 아우팅당한 이후, 즉 벽장에서 강제로 끌려나온 이후, 시은은 수치심과 두려움 속에서 효신을 외면한다. 아우팅 이후, 벽장 안과 밖은 모두 위험한 공간이 된다. 이때 벽장 안으로 다시 돌아갈 수 있는 유일한 경로는 죽음을 통과한 재탄생뿐이다. 효신에게 그 선택은 회피가 아니라, 사랑과 고통을 끝까지 감내하는 방식이다. 시은은 효신이 죽은 이후에야 비로소 그 사랑의 깊이와 고통을 깨닫게 된다.

효신은 처음부터 자신의 자살이 사실은 살해였음을 증언한다. 프롤로그에서 교환일기의 클로즈업 몽타주 너머로 효신과 또 다른 소녀의 목소리는 다음과 같은 시를 주문처럼 읊조린다. 소녀들의 목소리는 서로 중첩된다. 아이들은 진실을 접근하는 순간 제거당한다. 효신이 죽은 뒤, 한 학생은 일곱 명의 학생이 죽으면 학교가 폐교된다는 뜬소문을 전한다. 그는 효신이 여섯 번째라며 이제 한 아이만 남았다고 말한다. 당황해하는 아이들에게 교사는 '처음 있는 일이 아니니' 괜히 심란해 말고 자습하라고 지시한다. 이 뜬소문은 일부의 진실을 담고 있다. 아이들이 실제로 학교에서 죽어 나가고 있기 때문이다.

첫째 날, 한 아이가 죽었다. 머리가 텅 비어진 채, 아마도 진실을 기억해 냈나 보다.
둘째 날, 한 아이가 죽었다. 다리가 잘리워진 채, 아마도 진실에 다가갔나 보다.
셋째 날, 한 아이가 죽었다. 귀들이 베어진 채, 아마도 진실을 엿들었나 보다.
넷째 날, 한 아이가 죽었다. 두 눈을 잃어버린 채, 아마도 진실을 보았나 보다.
다섯째 날, 한 아이가 죽었다. 혀가 사라져 버린 채, 아마도 진실을 말했나 보다.
여섯째 날, 한 아이가 죽었다. 두 손이 없어져 버린 채, 아마도 진실을 썼나 보다.

일곱째 날, 한 아이가 죽는다. 아마도 …

이 시의 읊조림이 끝난 뒤, 시은은 효신과 함께 가라앉기를 거부하고 묶여 있던 끈을 풀어낸 뒤 물 위로 발버둥 치며 올라간다. 효신은 시은을 붙잡으려다 원망 어린 눈길을 보내고, 그대로 심연으로 가라앉는다. 장면은 컷 되며 환상에서 현실로 전환된다. 시은은 수영장에서 튀어 오르듯 물 바깥으로 나오며 아픈 듯 귀를 두드린다. 곧이어 이어지는 운동장에서 달리기를 하는 시은의 장면에서 카메라는 오프닝 타이틀이 등장하기 직전, 고개를 뒤로 젖히고 있는 시은의 귀로 빠르게 이동하며 그 안으로 빨려 들어간다. 마치 들었으나 제거된 진실에 접근하듯이. 난청인 시은은 진실에 다가간 아이들 중 하나다. 즉, 시은은 셋째 날 죽은 아이다.

영화에는 암시적으로 묘사되지만, 시은은 육상부 코치의 비리를 고발하는 편지를 전달하려다 교감에게 불려 간다. 시은은 효신의 진심과 코치의 비리를 '엿들었다.' 그러나 벽장 바깥 세계의 혐오와 폭력, 그리고 비리를 파헤치기보다는 비리를 고발한 아이들을 색출해 문제 자체를 제거하려는 교감의 태도 속에서, 시은은 진실을 밝히기 어려운 위치에 놓인다. 결국 시은은 진실을 외면한 채 아이들의 무리 속으로 섞여 들어가려 한다. 반면 효신은 폭력과 절망의 한가운데에서도 사랑의 진실을 포기하지 않고 자신의 고유성을 지키기 위해 죽음을 선택한다. 하지만 그 선택은 자율적 결단이라기보다는 살해에 가까운, 피할 수 없는 강요된 선택이다. '벽장'이 폭로된 이상 효신은 안으로도 밖으로도 갈 수 없기 때문이다. 교환일기 바깥, 학교 바깥의 세계를 상상할 수 없는 조건에서 효신은 둘만의 충만했던 환상 벽장을 지켜 낼 다른 방법을 끝내 찾아내지 못한다.

프롤로그의 물속 장면과 붉은 끈은 단지 '비극적 연애'의 이미지에 머무르지 않고, 젊은 여성의 동성애 재현에서 반복되어 온 동반자살의 관습적 계보를 호출한다. 동시에 이는 1990년대 후반 한국 사회에서 실제로 연달아 발생했던 여성 청소년 동반자살 사건들과도 겹쳐진다. 따라서 이 장면을 장르적 장치로만 환원하기보다는, 영화가 어떤 역사적 현실의 표면을 스치며 자신의 환상과 죽음의 논리를 구성하는지를 함께 살펴볼 필요가 있다.

동반자살의 계보와
소문의 정치학

효신의 동반자살 시도는 실패로 끝나지만, 놀랍게도 동성애 관계에 있던 젊은 여성들의 동반자살 기록은 조선 식민지 시기까지 거슬러 올라간다.* 조선 식민지 시기, 공적 제도 안에 여학교나 공장 기숙사 같은 여성 동성사회가 새롭게 형성되면 서 여성들 간의 동성애는 점차 공론화되기 시작했다. 그중 대 중적으로 가장 잘 알려진 사례는 1930년 《별건곤》 11월호에 실 린 〈여류명사의 동성연애기〉다. 이 기사에서 《중외일보》 기자 황신덕, 산부인과 의사 허영숙, 기독교 여성운동가 이덕요 등 은 "여학생 시절 동성연애를 안 해 본 사람은 별로 없을 것"이 며 "나 역시 여러 차례 경험해 보았"다고 고백한다.** 이 신여 성들은 자신의 동성애 경험을 현재진행형의 정체성이라기보 다는 이미 지나간 청소년기의 경험으로 회고한다. 그 결과, 여 성들 간의 동성애는 크게 위협적이지 않은 것으로, 새롭게 등 장한 엘리트 여성 동성사회를 향한 은밀한 호기심을 충족시키 는 이야기이자 여성들 사이의 낭만적 친밀함으로 서사화될 수 있었다.

* 일본 역시 메이지 시대 말부터 여학교에 다니던 여학생들 간의 연애가 유행이었다. 그러다가 1911년 7월 26일 니이가타현 오야시라즈 해안에서 발견된 두 여학생의 동반자살(心中) 사건이 신문 기사로 크게 보도되면서 여학생들의 동성애가 문제적 으로 인식되기 시작한다. 조주희, 〈근대 일본의 여성동성애 담론–신문 보도 프레임 을 중심으로〉, 《日本思想》 제43호, 2022, 《한국일본사상사학회》, 266쪽.
** 황신덕·허영숙·류오준·이덕요, 〈여류명사의 동성연애기〉, 《별건곤》 제34호, 1930 년 11월 1일, 120~124쪽. 물론 전통적인 여성 동성사회, 예를 들면 궁녀와 기생 집 단에서도 동성애 관계가 존재했을 테지만 그 기록은 희소하다. 더불어 신여성 기 사의 경우 '동성연애'라는 근대적인 용어를 사용하고 이를 흥미로운 경험으로 공 론화했다는 것이 특기할 만하다.

그러나 1931년 일어난 여성 동반자살 사건이 대대적으로 보도되면서 여성 동성애는 문제적인 것으로 인식되기 시작한다. 당시 21세였던 홍옥임과 19세였던 김용주는 철도 선로로 뛰어들어 동반자살을 감행했다. 홍옥임은 세브란스 의전 교수 홍석후의 딸이자 작곡가 홍난파의 조카였고, 김용주는 종로의 대형 서점 덕흥서림 사장 김동진의 장녀였다. 두 사람이 세력가 집안의 자녀인 데다 여학교를 다닌 인텔리였다는 점에서 이 사건은 더욱 큰 화제가 되었다.[10] 이 사건은 그 충격과 매혹의 높은 강도의 영향 하에서 같은 해 〈명일의 여성〉이라는 영화의 제작발표회로까지 이어졌다. 감독에는 홍문명, 배우에 김연실, 윤봉춘, 이영숙, 박정섭이 캐스팅되었으나, 실제 제작으로까지 이어지지 않은 것으로 추정된다.[11]

당시 신문은 이 자살 사건의 원인을 두 가지로 집중적으로 보도했다. 하나는 동성애였고, 다른 하나는 가부장제 억압이었다. 김용주는 부모의 강요로 조혼하면서 고등학교를 자퇴해야 했고, 이후 양가 어른들을 설득해 재입학을 시도했으나 기혼 여성이라는 이유로 여학교들로부터 거부당했다. 이로 인해 김용주는 극심한 좌절에 빠졌다고 전해진다. 여성학자 박차민정은 《조선의 퀴어》에서 비혼에 톰보이였던 홍옥임과 기혼에 모범생이었던 김용주를 대하는 당시 언론의 태도가 뚜렷하게 달랐다고 분석한다. 여학교 시절 여성과의 연애 이력이 있던 홍옥임은 '남성적 레즈비언'으로서 히스테리적이고 방탕한 일탈의 형상으로 묘사된 반면, 김용주는 가부장제 억압의 피해자로서 여전히 이성애 질서 안으로 포섭될 수 있는 존재로 재현되며 연민의 대상이 되었다.[12]

이성애중심주의는 김용주를 실제 그의 정체성이나 욕망과는 무관하게, 동성애자라기보다는 가부장제적 성차별의 피해자로 읽어 냈다. 즉, 남성을 혐오하게 된 결과로 차선책처럼 여성을 선택한 존재로 해석한 것이다. 이 과정에서 이분법적 젠더 규범을 교란하는 여성의 능동적 성애와 여성의 남성성은 훨씬 더 불온한 것으로 간주되었다. 더욱이 이들이 사춘기를 지나 성인기에 접어들어서도 동성애 관계를 유지했다는 점은, 청소년기의 일시적 경험으로 회상되던 다른 신여성들의 동성애 서사에 비해 더욱 당혹스럽게 받아들여졌을 것이다.

이러한 해석은 여성 동성애를 성적 정체성의 한 형태로 인정하기보다는, 성장 과정에서 일시적으로 나타나는 미성숙한 단계로 환원한다. 여성들 간의 친밀한 관계는 '진짜 사랑'으로 이행되기 전의 준비 단계이거나, 이성애로 나아가기 전의 훈련으로 간주되었다. 이와 같은 인식은 여성 동성애를 현재진행형의 삶이 아니라 과거로 봉인된 경험으로 위치시키며, 성인 여성의 동성애적 욕망을 상상 불가능한 것으로 만든다.

이 맥락에서 동반자살은 사회에서 쫓겨나 자신의 자리를

상실한 자들의 최후의 선택이자 저항의 표현이면서도, 사회가 여성 동성애를 이해하고 봉합하는 하나의 서사적 장치로 기능해 왔다. 살아 있는 여성 동성애자는 불온하고 위협적인 존재이지만, 죽은 이후에는 연민의 대상으로 전환될 수 있기 때문이다. 동반자살은 여성과 성소수자를 향한 억압의 비극적 현실 그 자체이면서도 여성 동성애를 '살아 있는 문제'가 아니라 '이미 끝난 사건'으로 만들며, 사회질서에 대한 근본적인 질문을 유예시키는 역할을 수행한다.

젊은 여성의 동반자살 서사의 계보는 1990년대 말 한국 사회에서 다시 반복된다. 특히 1998년과 1999년을 전후해, 여학생들의 동반자살 사건이 언론에 연이어 보도되었다. 이 시기는 IMF 외환위기 이후 사회 전반에 걸쳐 불안과 불확실성이 증폭되던 시기였으며, 청소년들에게 가해지는 학업 경쟁과 규율 역시 극단화되고 있었다.

1992년부터 2001년까지 청소년 자살률은 인구 10만 명당 8.1명으로 청소년 사망원인 2위였다.[*] 특히 1998년과 1999년에 다수의 여학생 동반자살 사건이 크게 보도되었다. 보도된

---

[*] 임영식·조아미·하상훈, 《청소년 자살의 원인과 실태》, 청소년보호위원회, 2004, 13쪽. 2011년부터 2023년까지 통계를 보면 이전까지 청소년 사망원인 1위였던 안전사고를 뒤집고 자해 및 자살이 1위가 된다(출처: 청소년정책분석평가센터 '청소년통계-사망원인' https://www.ypec.re.kr/board?menuId=MENU00747).

사건만 봐도 1998년 1월 서울 도봉구 아파트에서 10대 소녀 3명,[13] 3월 서울 동대문구에서 여중생 4명,[14] 9월 경기도 파주에서 여중생 3명,[15] 1999년에는 5월 서울 강동구에서 여중생 2명,[16] 12월 서울 광진구에서 여고생 2명[17]이 고층아파트에서 동반 투신자살을 했다.

이 중 동대문구 여중생 4명의 동반자살 사건은 사회적으로 큰 파장을 불러일으켰으며, 영화감독들에게도 상당한 영향을 미친 것으로 보인다. 영화에는 나오지 않지만 소품으로 사용된 교환일기에는 해당 사건의 실제 신문 기사가 스크랩되어 있는 페이지가 있다. 감독들은 DVD 코멘터리에서 시은에게 동반자살을 한 친구가 있다는 전사(前事)를 구상했다가 영화에는 넣지 않았다고 말한다. 동대문구 사건의 여중생들은 투신하기 전 유서를 쓰고 각자 지니고 있던 물건을 교환했다. 부모와 교사들은 아이들이 평소 활달하고 명랑하며 개근을 할 정도로 온순했다고 인터뷰했지만, 그들의 내면과 일상에는 어른들과 다른 친구들은 알 수 없는 불안과 불만이 서려 있었던 듯하다. 그들은 유서에 경제적 어려움, 가정불화, 남자 친구와의 이별, 아버지의 술주정, 인생의 허무함, 통제적인 삶 등으로 힘들었다고 남겼다. 그중 한 학생은 소원해진 남자 친구의 이름을 거명하며 "잊지 말라. 나는 너의 수호신이 되겠다."[18]고 썼다. "Memento Mori(죽음을 기억하라)"라는 효신의 유언 혹은 주문은 이 여중생의 호소에서 영향받은 것으로 보인다.

이러한 계보를 염두에 두면, 프롤로그의 물속 장면은 단지 '비극적 로맨스'의 이미지에 머무르지 않는다. 그것은 동성애를 문제화하고 편견을 서사화함으로써 설명 가능한 서사로 봉합하려는 사회적 충동을 호출하는 장치가 되기도 한다. 그리고 바로 그 지점에서 영화는 효신의 죽음 이후, 학교가 어떻게 '원인 찾기'와 '낙인'을 수행하는 공장처럼 작동하는지를 연쇄적으로 배치한다.

여성 청소년의 동반자살에서 성적이나 입시 경쟁이 언제나 주요 요인인 것은 아니다. 여성 청소년들이 자살을 선택하게 되는 이유는 대체로 복잡하고, 때로는 모호하기까지 하다. 위의 역사적 사례에서 봤듯이, 동반자살을 한 이들 중에 동성애 청소년이 포함되어 있었을 가능성 역시 배제할 수 없다. 실제로 한 조사는 한국에서 청소년 성소수자의 자해 및 자살 사건이 전체 청소년에 비해 5배가 높다고 보고한다.[19] 그럼에도 불구하고 사람들은 때 이른 죽음이라는 폭력성 앞에서 불안을 견디지 못하고, 신속하게 원인을 특정하고 납득할 수 있는 서사를 만들어 내려 한다. 이때 가장 쉽게 호출되는 것이 편견이다. 익숙하고 그럴듯한 원인은 죽음을 '이해했다'는 감각을 제공하고 집단의 불안을 진정시키는 기능을 수행한다.

순수한 젊음과 생명력의 표상으로 숭배되던 소녀들은 어느 순간, 각종 스캔들과 낙인에 둘러싸여 추락한다. 대중매체와 어른들은 소녀들을, 자신의 목소리를 가진 자립적인 소녀와 문제적이고 타락한 소녀, 또래 문화에 소속된 집단적 소녀와 강한 개성을 지닌 개별적 소녀라는 양극화된 서사 사이를 오가게 하며, 스펙터클인 동시에 스캔들로 만들어 왔다.[20]

〈여고괴담 두번째 이야기〉는 소녀들을 스펙터클과 스캔들 사이에 갇힌 채 진동하도록 만드는 재현과 정동을 되돌아보게 하기 위해, 같은 반 아이들의 입을 빌려 효신에 대한 확인되지 않은 여러 소문을 퍼트리게 한다. 효신이 죽은 후, 아이들 사이에는 자살의 원인을 둘러싼 억측이 난무한다. 그럴듯한 서사는 불분명하고 미결정적인 영역을 지우며, 죽음이라는 무거움을 가볍게 만든다. 빚쟁이가 찾아와 모욕을 줘서 자살했다는 설, 국어 교사 고형석(백종학)과의 연애 및 임신설, 연인인 시은이 살해했다는 설이 퍼진다. 이 중 임신설은 하필이면 신체검사를 받는 날 효신이 죽었다는 사실 때문에 가장 설득력을 갖는다.

소문을 뒷받침이라도 하듯 영화는 바에서 고형석과 술을 마시며 대화를 나누는 효신의 모습, 어두운 교실에서 고형석이 울며 효신에게 매달리는 장면, 그리고 효신이 시은에게 자신이 임신한 것 같다고 말하는 장면을 배치한다. 그러나 임신설은 영화가 세심하게 배치한 실마리들을 통해 하나하나 반박된다. 시은은 효신이 거짓말을 하면 코가 빨개진다는 사실을

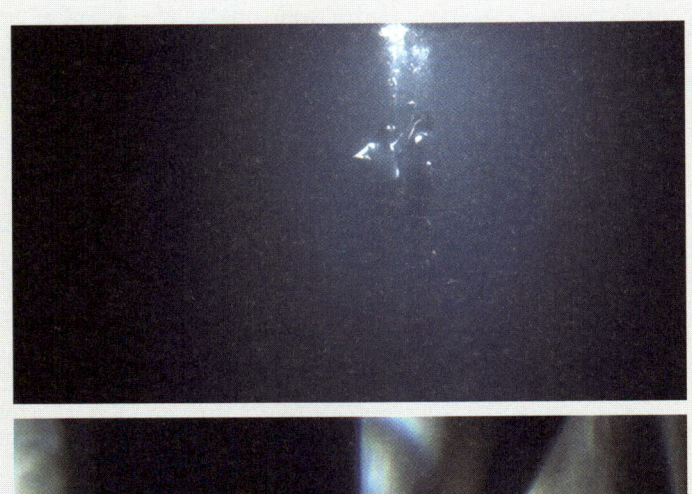

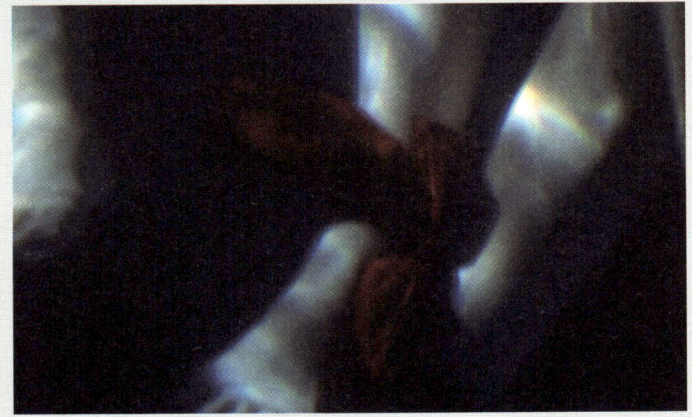

▲〈여고괴담 두번째 이야기〉 프롤로그에서 물에 뛰어든 효신과 시은.

▼ 두 사람을 묶고 있는 붉은 끈.

효신과 시은의 교환일기장에 담긴 여학생 동반자살과 관련된 신문 기사 스크랩.

알고 있으며, 실제로 효신이 임신한 것 같다고 말했을 때 코가 빨개진다. 또한 고형석이 효신에게 매달리는 장면에서는, 교실 밖에서 그 대화를 모두 들은 시은이 홀로 나온 효신을 위로해 준다. 시은은 둘의 관계를 알고 있기 때문에 전혀 질투하지 않는다. 오히려 이 장면에서 효신은 고형석과의 낭만적 관계를 단호하게 거부한 것으로 보인다. 효신에게 고형석은 연애 대상이 아니라, 또래보다 성숙하다고 느끼는 자신과 대화가 통하는 성인 친구에 가깝다. 더 나아가, 효신이 죽은 뒤 고형석이 그녀의 가방 속 물품을 정리하는 장면에서 생리대가 등장한다. 두 감독은 DVD 코멘터리에서 이 생리대를 임신하지 않았다는 증거로 의도적으로 삽입했다고 밝힌 바 있다. 즉, 임신이나 국어 교사와의 연애는 사실이 아니다.

그럼에도 불구하고 영화는 소문이 진실인지 아닌지를 명확히 가리지 않는다. 어떤 면에선 무엇이 진실인지는 중요하지 않다. 영화가 문제라고 강조하는 것은, 정상과 비정상을 끊임없이 나누고 자신들이 정한 규범과 '정상성'에서 조금이라도 벗어나면 그들을 잘못된 존재로 판단하는 태도 그 자체다. 관객은 여기서 세 갈래의 선택지 앞에 놓인다. 효신과 시은에 대한 동일시를 통해 사랑과 상처를 공유할 것인가, 민아에 대한 동일시를 통해 연민과 공감을 택할 것인가, 혹은 지원(공효진)과 연안(김민희)에 동일시하며 비난과 혐오의 시선에 머물 것인가.

이러한 구조 속에서 주류 집단에게 효신은 불온함의 요체로 자리 잡는다. 여학교라는 특수한 공간에서 시은과 효신은 모두 예외적인 존재이지만, 그 위치는 다르게 작동한다. 시은은 호감의 대상이 되는 반면, 효신은 '재수 없는' 존재로 혐오의 대상이 된다. 숏컷의 헤어스타일에 과묵하지만 진중해 보이는 육상선수 시은은 또래들에게 경쟁자라기보다는 선망과 욕망의 대상이다. 시은의 부치성butchness 혹은 여성의 남성성은 스포츠 선수라는 명목 아래 정당화되며, 여학교에서 유구하게 존재해 온 인기 있는 '톰보이'로서 욕망의 대상이 된다. 시은이 책상 서랍에 넣어 둔 효신의 선물 상자를 꺼내자, 시은의 짝이 "이게 뭐야? 한동안 뜸하더니 다시 온다. 야, 이거 펴 보자, 응? 한 번만 펴 보자."라고 말하는 장면은, 시은이 여자아이들 사이에서 얼마나 많은 선물 공세를 받아 왔는지를 보여 준다.

반면 '성숙한' 여성성을 가진 효신은 질시의 대상이 된다. 또한 자신의 다름을 숨기려는 시은과 달리, 효신은 끊임없이 비주류의 특별함을 드러낸다. 효신은 자신의 다름과 고유한 개성을 변명하거나 미안해하거나 부끄러워하지 않는다. 시은은 효신에게 "착각하지 마. 넌 하나도 안 특별해"라며 '튀지 말라'고 요청하는 반면, 효신은 "난 죽을 수도 있어"라고 답하며 극단적 차별화를 추구한다. 효신은 균질적인 집단성에서 벗어나 단독자로서의 개별성을 추구한다.[*] 그녀는 반복적으로 균열을 만들어 억압된 것들이 흘러나오게 하고, 주변을 불편하게 만든다.

효신은 교환일기와 피아노 내부를 아름답게 꾸며 둘만의 충만한 환상 공간으로 만들지만, 동시에 그 벽장들 밖으로 나와 자신을 설명하고 표현하기를 원한다. 다른 아이들이 지켜보는 앞에서 시은에게 키스하며 동성애적 욕망을 공격적으로 드러내고, 지원을 포함한 아이들이 선망하는 남교사 고형석과 허물없이 지내며, 의미를 단번에 해독할 수 없는 시를 읊는다. 따돌림과 혐오의 공격 속에서도 효신은 물러서지 않는다. 이러한 점에서 영화학자 김선아가 효신을 〈하녀〉(김기영, 1960)의 하녀 명숙(이은심)의 계보에 놓은 평가는 적확하다.

〈하녀〉에서 명숙의 첫 등장은 급작스럽고 충격적이다. 그는 같은 공장에서 일하는 경희(엄앵란)의 기숙사 방 벽장에서 담배를 피우며 갑자기 모습을 드러낸다. 경희는 젊은 여자가 담배를 피우면 추락하는 '제트기'가 된다고 경고한다. 이 장면의 명숙은, 바로 직전 장면에서 동식의 아내가 부엌 찬장을 열다 발

---

[*] 백문임은 효신이 개별성을 희구하지만 그것이 불가능한 사회에서 '죽음을 통해 태어나기', 즉 괴물화될 수밖에 없다고 주장한다. 백문임, 〈상실의 흔적, 생산하는 부재〉, 연세대 미디어아트연구소 엮음, 《학교엔 귀신이 산다: 〈여고괴담 두 번째 이야기〉》, 이가서, 2004, 131쪽.

견한 쥐와 유비 관계를 맺는다. 중산층 가족의 하녀로 동식의 집에 기거하게 된 명숙은 금기를 깨는 일탈적인 형상으로서, 당시 사회가 요구한 여성의 성역할과 '정상적인' 중산층 핵가족의 도덕에 저항한다. 하녀는 자신의 존재를 벽장 밖으로 꺼내 놓으며 불온함을 중산층의 규범적 세계에 퍼트린다.[21] 이처럼 불온하고 기이한 존재들은 벽장을 나와 목소리를 내는 순간, 살해되거나 자살을 강요받는다.

지금까지 살펴본 교환일기, 동반자살, 그리고 소문의 정치학은 모두 효신과 시은의 관계를 둘러싼 환상과 억압의 구조를 드러낸다. 그러나 이 구조는 그들만의 이야기로 닫히지 않는다. 교환일기를 '읽는 자'이자, 이 환상에 뒤늦게 연루되는 인물이 등장하는 순간, 벽장은 더 이상 내부에 머물 수 없게 된다. 다음 장에서는 이 이야기의 바깥에서 안으로 진입하는 인물, 민아를 통해, 퀴어한 관계와 죽음의 서사가 어떻게 관객의 위치를 오염시키고 재배치하는지를 살펴보고자 한다.

4장
민아, 혹은 오염된 관객

"처음엔 재밌어서 읽었는데,
보면 볼수록 걔네 비밀을 다 알아 버리는 것
같아서 불길해."

민아는 누구인가?
: 동급생, 성소수자, 2차 창작자, 그리고 팬덤 관객

　몽타주 프롤로그가 끝나고 영화 제목이 제시된 직후, 관객
은 또 다른 주요 인물인 민아를 만나게 된다. 민아의 첫 등장은
얼굴이나 대사가 아니라 두 번에 걸친 '넘기' 행위로 제시된다.
먼저 그녀의 가방이 학교 담장을 넘어 날아들고, 이어 지각한
민아가 풀잎으로 가려진 철조망의 개구멍을 통해 기어 들어온
다. 이 장면은 민아가 영화 속에서 유일하게 경계를 넘는 인물
임을 시각적으로 각인시킨다. 영화가 끝날 때 유령이 된 효신
이 문을 열어 주기 전까지, 그 누구도 학교를 벗어날 수 없다.
알 수 없는 이유로 학교 건물의 정문은 잠기고, 교사와 학생 모
두 그 안에 갇히게 된다. 이때도 민아는 모든 소동이 끝난 후
시은을 따라 옥상 문을 열고 환한 빛이 있는 바깥 세계로 발을
디디며, 여전히 공포에 빠져 우르르 몰려 나가는 다른 아이들
과 구별된다. 이러한 설정 속에서 학교의 안과 밖을 오가는 유
일한 인물인 민아는, 효신을 향해 혐오의 말을 쏟아 내는 지원
과 연안의 무리에 속해 있으면서도 동시에 효신과 시은의 교환
일기 세계에 깊이 침잠한다. 민아는 현실과 환상, 이성애와 동
성애, 문자 텍스트와 시청각 이미지, 창작물 안과 밖, 삶과 죽
음의 경계를 진동하는 인물로 제시된다.

민아는 시은과 같은 반이지만 처음부터 시은에 대해 잘 알고 있는 인물은 아니다. 오히려 민아는 효신에 대한 악의적인 소문을 퍼트리는 지원 및 연안과 절친한 관계이며, 그들을 통해 시은과 효신에 대한 정보를 간접적으로 접한다. 이로 인해 민아는 두 사람을 일정한 거리를 두고 관찰하고 판단하는 위치에 놓인다. 그러나 동시에 민아는 우연히 효신과 시은의 교환일기를 손에 넣은 이후 두 사람의 서사에 탐닉하며 강렬하게 몰입하는 팬덤 관객으로 변모한다. 더 나아가, 그녀는 교환일기를 읽으며 자신의 방식으로 상상하고 이를 시청각적으로 재구성하는 2차 창작자가 되기도 한다. 또한 민아는 유령에 빙의된 것처럼 효신을 체화하고, 시은 혹은 또 다른 여성에 대한 자신의 감정을 자각하는 인물로서, 성소수자이거나 최소한 성소수자의 위치에 공명하는 퀴어 동맹queer ally으로 읽힌다.

이 점에서 민아는 이야기 속 인물이면서 동시에 관객과 가장 가까운 위치에 놓인 존재가 된다. 민아는 사건의 중심에 있지 않았지만, 남겨진 기록과 파편들을 통해 타인의 사랑과 죽음에 접근한다. 그녀의 위치는 영화 속 인물이라는 설정을 넘어, 영화를 바라보는 관객의 위치와 겹쳐지며, 민아는 단순한 조연이 아니라 퀴어영화의 관객성 문제를 사유하게 만드는 매개로 작동한다. 민아는 효신과 시은의 관계를 부러움과 동경, 그리고 설명할 수 없는 불안이 뒤섞인 감정으로 바라본다. 그녀의 시선에는 명확한 적대도, 매끄럽고 완전한 동일시도 없다. 대신에 민아는 두 사람의 관계에 끌리면서도 완벽히 소화되지 않는 감정과 신체적 부대낌이 남아 있는 인물로, 동일시가 시작되지만 끝내 미결정적이고 모호한 위치에 머문다. 이를 통해 다양한 위치의 관객들이 민아에 동일시할 수 있게 된다.

민아가 경계를 넘나들 수 있게 하는 직접적인 매개는 교환일기다. 민아는 개구멍을 통해 학교 안으로 들어온 뒤, 교실에 들어가는 길에 야외 수돗가에서 세수를 하다가 우연히 교환일기장을 발견하고 집어 든다. 민아가 처음으로 읽게 되는 문장은 다음과 같다. "첫 키스는 사과 향기 같은 거라구? 난 피 냄새를 맡았어. 혀끝에 닿는 네 입술의 피….." 이 문장은 곧장 효신의 보이스오버로 전환되며, 효신과 시은이 키스하는 장면이 번쩍거리는 환한 빛의 플래시 효과 뒤에 삽입된다. 이때 글로 쓰인 텍스트의 시청각적 번역이 민아의 주관적 상상인지, 효신의 기억인지, 혹은 영화의 전지적 시점에서 삽입된 과거 사건인지는 명확하지 않다. 그러나 효신과 시은의 과거 장면들이 반복적으로 민아가 교환일기를 펼치는 순간에 호출된다는 점에서, 관객은 민아의 시선을 경유해 두 사람의 과거에 접근하게 된다. 다시 말해, 민아는 스크린 안에서 관객을 대리하고 반영하는 인물로 기능한다.

따라서 민아가 교환일기를 읽는 행위는 단순한 정보의 습

득이 아니다. 그것은 이미 닫혀 있던 관계와 환상에 대한 침입이며, 타인의 욕망과 슬픔에 대한 무단 접근이다. 이 순간 민아는 '진실을 아는 자'가 되는 것이 아니라 관객을 대신해 벽장의 위험한 경계 위에 올라서는 자가 된다. 다시 말해, 민아의 읽기는 알고자 하는 욕망과 말해져서는 안 되는 것 사이의 불안정한 문턱으로의 진입이며, 이 지점에서 우리는 퀴어이론이 오래도록 사유해 온 '벽장'의 문제를 떠올리게 된다.

벽장은 벽에 공간을 내고 문을 덧붙여 만들어지며, 이불이나 옷과 같은 물건을 보관하는 데 사용된다. 기능적으로는 가구에 속하지만, 건물의 구조에 맞추고 고정된다는 점에서 건축물의 일부이기도 하다. 다시 말해, 벽장은 건축과 가구라는 이중의 정체성을 지닌 구조물이다. 이동할 수 없는 벽장은 겉보기에는 기존의 구조에 순응적이고 그 영향 아래 놓여 있는 것처럼 보인다. 그러나 벽장의 또 다른 중요한 기능을 잊어서는 안 된다. 그것은 자신의 존재를 외부 세계로부터 숨기고, 그 안에 비밀스러운 환상의 공간을 만드는 일이다.

'벽장에 숨기'는 대략 세 가지로 요약할 수 있다. 유년기의 숨바꼭질, 위험한 침입자가 방에 들어왔을 때의 피신, 그리고 타인의 공간에 숨어 주인을 기다리는 침입자의 위치다.[*] 벽장은

---

[*] 효신과 시은이 타인의 시선으로부터 자신을 숨기며 교환일기, 피아노, 옥상을 자신들만의 벽장으로 만들어 왔다면, 민아는 타인의 벽장을 엿보거나 숨바꼭질 놀

그 안에 숨은 존재를 외부 세계에서 일시적으로 보이지 않게 만든다. 이로부터 안과 밖, 부분 세계와 전체 세계, 비가시성과 가시성, 은폐와 폭로, 내밀함과 공공연함, 비밀과 소문, 안전과 위험이라는 이분법이 벽장 문을 중심으로 형성되는 것처럼 보인다. 그러나 이러한 대립은 서구 근대의 이성애중심적 가부장제가 만들어 낸 이데올로기적 표상에 가깝다. 벽장의 문은 언제나 닫혀 있는 것이 아니며, 특정 계기나 사건을 통해 손쉽게 열릴 수 있다. 또한 문이 닫혀 있다 하더라도, 그것이 나무나 철처럼 불투명한 재질인지, 빗장 문인지, 혹은 유리처럼 투명하거나 반투명한 재질인지에 따라 '숨는다'는 행위의 의미는 완전히 달라진다. 더 나아가, 어떤 재질이든 소리는 안팎으로 어렴풋하게 전달된다. 무엇보다 중요한 것은, 누가 어떤 환경에서 어떤 목적을 가지고, 몇 명이 얼마나 오랫동안, 어떤 자세로 숨어 있는가에 따라 벽장의 성격이 전혀 달라질 수 있다는 점이다. 벽장은 하나가 아니라 복수로 존재하며, 그 형태 또한 다양하다. 하나의 벽장을 나선 끝에 또 다른 벽장으로 이어질 수도 있고, 많은 동화나 미스터리에서처럼 또 다른 환상적이거나 더 은밀한 세계로 이어질 잠재성을 지닌다. 요컨대 벽장은 은신이 제공하는 일시적 안전감과 언제든 발각될 수 있는 긴장

이에 참여하는 인물이라 할 수 있다.

이 교차하는 혼합된 정동, 그리고 환상성으로 특징지어진다.

이러한 벽장의 특성은 문화적으로 특정 소수자 집단을 지칭하는 은유로 활용되어 왔으며, 특히 영미권에서 그러했다. 잘 알려져 있듯이, '벽장closet'은 성적 지향이나 성정체성을 공개하지 않은 성소수자를 가리키는 은유로 사용되어 왔고, '벽장에서 나오다come out of the closet'라는 표현은 자신의 성적 정체성을 긍정하고 공적으로 밝히는 행위를 의미한다. 이 표현은 흔히 '커밍아웃coming out'으로 축약된다.* 커밍아웃의 실천에서는 자긍심pride과 용기라는 정동이 종종 부각된다. 성소수자에 대한 실질적인 사회적 폭력과 억압이 있는 상황에서 자신의 정체성을 가시화하는 것이 어렵기 때문에, 커밍아웃은 성소수자의 존재를 사회적으로 가시화하고, 낯섦과 배제를 약화시키는 효과를 지니기도 한다. 하지만 이러한 가시화 과정에서 소수자 집단을 향한 잠재적 차별이나 혐오가 다시 분출되는 경우도 적지 않다.

문제는 벽장의 안과 밖이 단순한 대립항으로 이해될 때 더욱 심화된다. 만약 벽장 밖이 가시성, 자긍심, 용기, 정직성, 공

---

* 예컨대 '그는 벽장 게이closeted gay다'라는 표현은 '그는 자신의 성적 정체성을 공개적으로 드러내지 않는 동성애자다'라는 의미다. 그러나 커밍아웃과 달리 아우팅outing은 다른 사람이 성소수자 당사자의 동의 없이 그의 성적 정체성을 폭로하는 것으로, 사생활 침해나 안전 문제를 발생시킬 수 있다. 그렇다고 커밍아웃이 안전할 때만 취하는 행동은 아니다.

적 공간으로만 상상되고, 벽장 안이 비가시성, 수치심, 비겁함, 은폐, 위장, 자기부정, 사적 공간으로만 환원된다면, 벽장 안은 선형적이고 진보적인 시간 속에서 극복되거나 폐기되어야 할 과거의 상태로 간주되기 쉽다. 이때 '벽장을 나오는 것'만이 언제나 더 긍정적이고 진보적인 행위로 이해되며, 이는 퀴어 페미니즘이 비판해 온 이분법적이고 위계적인 구조를 오히려 강화할 위험을 내포한다. 또한 커밍아웃은 단 한 번의 사건으로 완료되는 과정이 아니며, 어디까지 공개되어야 '완전한 커밍아웃'이라 할 수 있는지도 명확하지 않다. 어떤 공동체에서는 커밍아웃했지만 다른 공동체에서는 그렇지 않을 경우, 그 개인은 벽장 안과 밖 모두에 있는 것이 된다. 더 나아가, 커밍아웃을 개인의 선택이나 용기의 문제로 과도하게 강조하는 담론은 사회 구조적 억압의 조건을 지워 버릴 위험을 안고 있다.

이브 세즈윅Eve F. Sedgwick은 《벽장의 인식론Epistemology of the Closet》(1990)에서 동성애와 이성애, 소수집단화와 보편화처럼 뚜렷하게 대립하는 것처럼 보이는 이분법들이 실제로는 불안정하고 비대칭적이며 모순적인 구조임을 밝혀낸다. 이러한 이분법은 앎과 무지, 명시와 암시 사이의 권력관계에서 형성되며, 양쪽 모두를 옭아매는 복합적인 "이중구속double bind"의 구조를 갖는다. 퀴어는 자신의 정체성을 드러내야 한다는 압력과, 감춰야만 생존할 수 있는 사회적 현실 사이에서 끊임없이 충돌한다. 커밍아웃은 진실하고 윤리적인 삶의 실천으로 요구되지만, 동시에 사회적 위험에 노출되는 위기를 동반한다. 반대로 벽장 안에 머물며 정체성을 숨길 경우, 직접적인 위협으로부터 자신을 보호할 수는 있지만 언제든 들통날 수 있다는 불안과 심리적 고통을 감내해야 한다. 또한 타인들에게 자신의 정체성을 인정받지 못한다는 불만족을 경험하게 되며, 때로는 솔직하지 못하거나 무언가를 숨기고 있다는 도덕적 비난에 직면하기도 한다.

따라서 벽장 안과 밖, 가시성과 비가시성은 어느 한쪽도 안전하거나 우월한 위치에 놓이지 않는다. 드러내는 것은 위험하고 숨기는 것은 고통스럽다는 이 이중구속은 단순히 '커밍아웃 할 것인가, 숨길 것인가'라는 개인적 선택의 문제가 아니다. 벽장은 은폐의 공간을 넘어, 말함과 침묵 모두가 위험을 수반하는 사회적 상황, 다시 말해 퀴어가 차지하는 위치의 조건을 상징한다.[22]

이제 〈여고괴담 두번째 이야기〉에서 교환일기와 기타 소품들, 학교라는 공간, 그리고 영화 그 자체가 어떻게 이중구속의 복합성을 드러내는 동시에 퀴어한 환상의 공간으로 기능하는지를 살펴보고자 한다. 특히 오늘날에 이르기까지 한국영화 속 퀴어들은 가시화되든 암묵적으로 숨겨지든, 성소수자의 특수성을 강조하든 보편성을 호소하든, 혹은 전형적으로 재현되든 개별성을 부각하든지 간에, 끊임없이 또 다른 형태의 이중구속에 놓여 왔다. 이 영화는 과거와 현재, 안과 밖, 환상과 현실, 그리고 민아와 효신의 시선을 오가며 이러한 이중구속을 퀴어한 정동으로 형상화한다. 특히 공동체 안에서 관계를 드러내고 인정받고자 하는 효신과 시은의 욕망과, 그들이 원하지 않은 방식과 시점에서 강제로 벽장 밖으로 밀려났을 때 맞닥뜨리는 혐오와 폭력이 관계를 파괴하는 과정을 병치하는 한편, 민아가 자발적으로 벽장 안으로 진입하는 선택을 함께 제시함으로써 벽장의 양가적 방향성을 다층적으로 활용한다.

　이를 구현하기 위해 영화는 현재와 과거를 지속적으로 왕복한다. 현재 시간은 7월 9일, 시은의 생일 아침부터 효신이 자살한 오후까지 하루를 담고 있다. 과거는 효신과 시은이 호감을 갖고 교환일기를 쓰기로 약속했던 2학년의 시점부터 3학년이 되어 다투고 관계가 파국에 이르기까지의 시간을 아우른다. 이 과거 장면들은 인과적이거나 설명적인 방식으로 제시되기보다, 때로는 예기치 않은 비인과적 몽타주처럼 삽입된다. 대개 과거 장면은 짧은 백색 플래시 이후 화이트인white-in된다.

　과거인 2학년 시절에는 효신, 시은, 연안이 같은 반이었지만, 현재인 3학년이 되면 시은, 연안, 지원, 민아만 같은 반이 된다. 민아는 지원, 연안과 가장 친하며 늘 함께 몰려다닌다. 따라서 민아는 효신을 잘 알지 못하며, '재수 없고 잘난 척하는 아이'라는 연안의 부정적인 평가가 민아가 효신에 대해 알고 있는 거의 유일한 정보다. 그럼에도 민아는 교환일기를 읽어 나가며 점차 효신에게 공감하고 그의 죽음을 애도하는 동시에, 시은에게 호감을 가지며 효신의 욕망을 체화하는 인물로 변모한다.

초반부에서 과거 장면들은 민아가 교환일기를 읽는 행위를 매개로 비교적 명확한 중개 방식으로 삽입된다. 그러나 서사가 진행될수록 과거는 민아가 시은과 효신의 행위를 모방하거나, 두 사람에게 의미 있었던 장소를 직접 찾아가는 과정 속에서 환각의 형태로 등장한다. 이로 인해 초반 과거 장면들은 민아의 시청각적 번역 혹은 상상으로 여겨지지만, 중후반부에 이르면 과거는 귀신 들린 신체/카메라를 통해 현재로 직접 솟아오르거나 자동적으로 침입하는 양상을 띤다. 이러한 경향은 효신의 죽음을 기점으로 더욱 두드러지게 된다. 다시 말해, 민아는 호기심 어린, 다소 거리를 둔 독자이자 관객의 위치에서 점차 신체적으로 체화되고 오염된 독자/관객의 위치로 이동하며, 그에 따라 시점 또한 더 모호하고 복합적인 성격을 띠게 된다.

민아가 교환일기를 읽기 시작한 이후, 과거 사건이나 과거로 간주되는 장면들이 현재에 틈입하는 방식은 네 가지 유형으로 구분할 수 있다. 즉, ① 민아의 교환일기 읽기 매개, ② 민아의 직접적 환각, ③ 시은의 회상, ④ 비인칭적 시점이다.

① 민아의 교환일기 읽기 매개

• 민아가 야외 수돗가에서 교환일기를 집어 들고 첫 키스를 묘사한 문장을 읽는 순간, 시은과 효신의 키스 장면이 시청각적으로 번역되어 플래시 효과를 동반한 짧은 몽타주로 삽입된다.

• 지원이 빼앗으려다 떨어진 교환일기를 민아가 주은 후, 악마의 입이 그려진 페이지가 펼쳐진다. 실제 교환일기에서 이 그림은 병풍처럼 접히는 구조로 제작되어 있으며, 그 뒷면에는 효신의 상상으로 재해석된 학교 지도가 그려져 있다. 악마의 입속으로 빨려 들어가듯 전환되는 이 장면을 통해 민아, 그리고 관객은 시은과 효신의 관계의 시작으로, 나아가 학교 곳곳에 존재하는 다양한 '벽장들'로 초대된다. 악마의 입 그림은 시은과 효신이 조회를 빠지고 화장실에 숨어 있던 과거로, 그리고 결국 교사에게 들켜 벌로 수영장 청소를 하다 서로에게 감정을 느끼고 교환일기를 쓰기로 약속하는 시점으로 이어진다.

• 민아가 양호실에서 교환일기 속에 숨겨 놓은 별사탕을 먹는 장면에서는, 효신이 우유 팩으로 괴롭힘을 당하는 과거 장면이 삽입되고 시은은 바닥에 떨어진 우유 팩을 세게 밟으며 효신을 옹호하는 태도를 드러낸다. 곧이어 장면은 음악실에서 난청인 시은에게 효신이 텔레파시로

야외 수돗가에서 교환일기를 주운 민아가 제일 먼저 펼친 페이지에는 "첫 키스는 사과 향기 같은 거라구? 난 피 냄새를 맡았어. 혀끝에 닿는 네 입술의 피"라는 글이 적혀 있다.

4장 | 민아, 혹은 오염된 관객

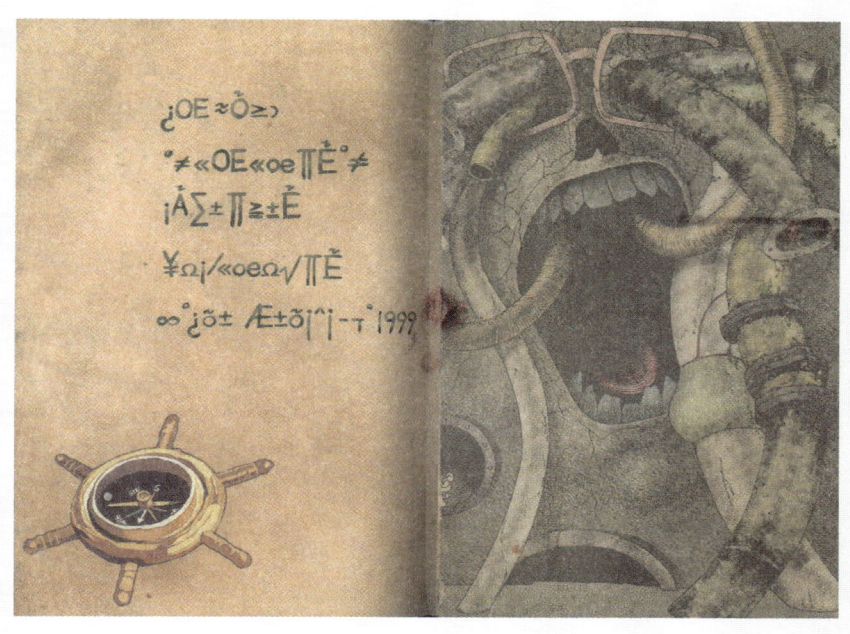

지원과 실랑이를 벌이던 민아는 교환일기를 떨어뜨리고, 악마의 입이 그려진 면이 펼쳐진다.

4장 | 민아, 혹은 오염된 관객

악마의 입 페이지를 펼치면 효신의 상상력으로 재해석된 학교 지도가 나온다. 그림 속 첫 번째 공간은 흰색 피아노가 있는 음악실, 두 번째는 수영장과 옥상을 지나 학교 복도와 교실로 이어진다.

소통하는 법을 알려 주는 또 다른 과거로 전환된다. 먹는 행위는 외부의 것을 내부로 들여보내는 행위이며, 이 과정에서 신체는 오염되고 변형된다. 이러한 섭취는 민아의 욕망을 각성시키고, 아직 알지 못했던 타자인 효신에게 강하게 반응하도록 만든다. 흥미롭게도 이 장면의 현재 시점에서 커튼 너머로 양호실 옆 침대에 누워 있는 효신(그리고 뒤늦게 온 시은)의 모습이 어른거리며 등장하는데, 이때 효신은 문자 그대로 스크린에 투사된 이미지가 된다. 그런 점에서 영화를 본다는 행위는 먹기라는 행위와 유사하다. 영화 보기는 자아와 타자, 관객과 창작물이 깔끔하게 분리된 소비를 넘어선다. 민아/관객은 읽고, 듣고, 보고, 삼키며, 그것을 소화한다. 그러나 이 소화는 언제나 매끄럽지 않다. 때때로는 신체적 통증을 동반하고, 삼키는 데 어려움을 겪게 하며 심지어 구토로 이어지기도 한다. 실제로 민아는 음악실 피아노 안에 숨겨져 있던 '해독약'이라고 쓰인 두 번째 별사탕 약을 먹고 복통을 일으키고 구토를 한다.

② 민아의 직접적 환각

• 효신의 투신자살 직후, 민아는 복도에서 우유를 들고 해맑은 얼굴로 교실 안으로 들어오는 효신의 환각을 본다.

이 환각 장면에서 이어지는 사건은 후반의 음악실 과거 장면에서 다시 제시된다. 이는 효신과 시은의 관계가 결정적으로 파국에 이르게 된 사건이기도 하다. 효신은 시은에게 주려고 우유를 들고 시은의 교실 앞문을 열고 들어오지만, 수업이 아직 끝나지 않은 상태여서 교사와 반 아이들의 시선이 모두 두 사람에게 집중된다. 이때 시은은 효신을 외면한다. 유일하게 의지하던 시은의 외면에 효신은 깊은 충격을 받고, 자기 존재 자체에 대한 근본적 의문을 품는다.

- 효신의 투신자살 직후, 민아의 담임교사는 "우리 반에는 이런 일이 없을 거야"라고 말하며, 효신의 죽음을 다른 아이들과 무관한 사소한 사건으로 축소한다. 이 발언은 교실 안에서 애도의 가능성을 차단한다. 그 순간 민아는 서랍 속에 있던 교환일기를 만지며, 떨어지기 직전 옥상에 서 있는 효신의 환각을 본다. 효신의 유령 시점에서 내려다본 바닥에는 시신이 놓여 있고, 아이들이 놀라 뛰어다니는 장면에서는 고속촬영을 통해 속도가 왜곡된다. 이때 효신의 시점은 민아의 시점과, 나아가 관객의 환각적 시선과 겹쳐진다. 시신을 덮고 있던 흰 천이 들춰지며 피로 얼룩진 얼굴이 드러나고, 클로즈업되는 순간 민아는 그 얼굴이 자신의 것임을 깨닫는다. 민아는 비명을 지른

다. 곧이어 장면은 현실로 전환되고, 핏빛의 새 한 마리가
교실 안으로 날아든다. 아이들은 공포에 질려 비명을 지
르고, 연안은 새가 제일 싫다며 신경질적으로 반응한다.
이 장면이 민아의 환각인지, 혹은 직전에 발생한 과거 사
건의 침입인지는 명확하지 않다. 다만, 민아의 환각은 여
전히 '살아 있는 우리'와 '죽은 타자'를 분리하려는 시도를
방해한다.

• 효신의 투신자살 직후, 시은은 효신이 선물한 상자를 들
고 교실을 나선다. 민아는 시은의 뒤를 따른다. 학교는 가
운데가 비어 있는 ㅁ자 구조의 건물로, 중앙을 둘러싼 복
도와 양쪽 끝의 계단으로 이루어져 있다. 민아는 복도 건
너편에서 시은을 바라보며 따라가는데, 이때 시은의 모
습은 규칙적으로 배치된 벽돌 기둥 때문에 보였다가 사
라지기를 반복한다. 사각 프레임들이 플리커flicker 현상
처럼 연속적으로 지나간다. 건너편의 시은과 그 방향을
바라보며 걷는 민아가 교차편집된다. 현재의 혼자 걷는
시은은, 다음 프레임에서 복도에서 함께 손을 잡고 뛰어
가는 과거의 시은과 효신, 그리고 고형석과 효신이 장난
을 치는 장면으로 전환된다. 이는 민아가 영화 속에서 영
화를 보고 있는 효과로, 현재와 과거, 현실과 기억, 환각
과 재현을 중첩시키는 장치로 기능한다.

③ 시은의 회상

• 음악실에서 민아는 효신이 피아노 안에 숨겨 두었던 해
독제 별사탕을 먹은 뒤 복통을 일으키며 쓰러져 구토한
다. 민아는 바닥에 쓰러진 채, 교환일기를 읽고 있는 시
은의 등을 바라본다. 시은은 하트로 장식된 페이지를 읽
으며 손으로 교환일기의 표면을 더듬고 곧 과거가 삽입
된다. 사건을 직접 목격하거나 실행한 주체가 시은이라
는 점에서, 이후 제시되는 과거 장면들은 시은의 기억이
자 회상으로 기능한다. 여기서 교환일기는 민아의 경우
와 달리 기억을 환기하는 역할을 한다. 이 과거 서사는 비
교적 긴 호흡으로 이어지며, 효신의 불안과 시은의 배신
을 중심으로 전개된다. 첫 번째 과거 장면은 2학년 시절
로 돌아간다. 연안이 "너한테 이상한 냄새 나. 무슨 레즈
비언 냄새 같은데…"라고 혐오 발언을 하자, 효신은 "너
한테선 더 이상한 냄새가 나. 무슨 생선 냄새 같은 건데,
역겨워"라고 맞받아친다. 두 사람은 몸싸움을 벌이고, 효
신이 쓰러진다. 담임교사 고형석은 효신을 안아 들고 교
실 밖으로 데려간다. 이때 효신은 연안뿐 아니라 고형석
을 좋아하는 아이들의 미움도 받게 된다. 두 번째 장면에
서는 효신이 시은의 모든 행동을 집요하게 확인하려 하
며 불안을 드러내고, 이에 시은은 "공개적으로 확인하자"

고 말한다. 두 사람은 사랑의 증명으로서 커밍아웃을 기획한다. 세 번째 장면에서는 이를 증명하듯, 교환일기가 교사에게 발각되고 아이들의 수군거림이 이어지는 상황에서도 시은은 효신의 손을 놓지 않고 얼굴을 바라보며 미소 짓는다. 이에 교사는 시은의 뺨을 때린다. 시은이 쓰러지며 입술에서 피가 흐르자, 효신은 시은을 교실 밖으로 데리고 나가려 하지만 시은은 망설인다. 효신은 원망 어린 눈빛으로 홀로 교실을 나섰다가 다시 돌아와 아이들 앞에서 시은에게 키스한다. 시은은 당황해 효신을 밀쳐 내고 아이들은 더럽다며 둘을 떼어 놓으려 한다. 네 번째 장면에서는 효신이 욕조 안에 홀로 앉아 울고 있는 모습이 제시된다. 다섯 번째 장면에서는 3학년이 된 효신이 시은에게 우유를 주기 위해 교실을 찾아가지만, 시은이 고개를 돌려 효신을 외면한다. 효신은 깊은 좌절을 느낀다. 다섯 번째 장면에서 뒤늦게 효신의 교실을 찾아온 시은은 '이제 우유를 먹지 않는다'고 말하며 교환일기를 집어 들고 찢어 버린다. 공동체 안에서 공개적으로 연인임을 드러내고자 했던 시은의 결심은 교사와 아이들의 강한 혐오 앞에서 무력하게 붕괴된다. 벽장 안에서는 관계의 확신과 사회적 인정을 얻지 못한 채 불안이 지속되고, 벽장 밖은 예상보다 훨씬 날카롭고 위험하다. 타인의 혐오는 시은에게도 고스란히 전이된다. 시은은 효신을 사랑하지만, 현실에 대한 두려움 때문에 결국 그를 홀로 남겨 둔다. 현재로 돌아와, 시은은 자신이 찢은 페이지를 보며 흐느껴 운다.

• 음악실에 홀로 누워 있던 시은은 효신이 죽기 전날 아침, 옥상에서 그를 만났던 순간을 떠올린다. 효신은 "다시 시작하자"고 말하며 키스를 시도한다. 시은은 효신을 밀쳐내며 "이러지 말라니까. 애들이 보잖아"라고 소리친다. 이에 효신은 "내가 창피해?"라고 되묻고, "난 죽을 수도 있어"라며 울음을 터트린다. 시은은 차갑게 "맘대로 해. 난 니가 창피해"라고 응답한다. 이 회상 장면은 현재의 시간 속에서 효신 유령과 공포에 휩싸인 아이들의 모습과 교차되며 전개된다.

④ 비인칭적 시점

• 비인칭적 시점은 특정 인물의 주관적 시점이 아니라, 영화 그 자체가 인물들을 애틋한 연민의 시선으로 바라보는 시점이라 할 수 있다. 민아가 시은을 따라 옥상 서고로 들어서자, 시은은 더 이상 따라오지 말라고 말한다. 시은이 옥상 서고의 문을 열고 나서는 순간, 강한 플래시 효과와 함께 시은, 효신, 고창석의 삼각관계가 형성되던 과

거 장면이 삽입된다. 이때 제시되는 장면들에는 고형석과 술집에서 술을 마시며 대화를 나누는 효신의 모습, 효신이 자신이 임신했다고 거짓말을 하며 시은에게 농담을 건네는 장면, 그리고 어두운 교실에 좌절한 채 남겨진 고형석을 뒤로한 채 복도로 나와 기다리고 있던 시은의 품에 안겨 우는 효신의 모습이 포함된다. 이 장면들은 어느 한 인물의 기억이나 환각으로 환원되기보다는, 관계의 균열과 감정의 잉여를 포착하는 영화의 비인칭적 시선에 가깝다.

- 영화 마지막 장면에서 시점은 다시 전환된다. 시은이 옥상으로 올라가는 주관적 시점이 제시된 뒤, 민아가 옥상문을 여는 순간 효신이 떨어지는 장면이 이어진다. 이후 과거에 옥상에서 행복하게 놀던 시은과 효신의 모습이 에필로그처럼 삽입된다. 이 장면은 시은의 기억으로, 민아의 상상으로, 혹은 죽음의 순간 효신이 떠올린 이미지로 해석될 수 있다. 동시에 원거리에서 촬영된 저화질의 흔들리는 카메라는 특정 주체의 시점으로 환원되지 않는다. 이 시선은 단일한 인물의 기억이나 환각에 귀속되기보다는, 퀴어하거나 억압된 위치에서 상실을 경험한 존재들을 비인칭적으로 맞이하고 감싸안는 방향으로 열려 있다. 이때 사랑과 상실은 더 이상 특정 인물의 감정에 머

물지 않고, 영화 자체가 생성하는 정동으로 남게 된다.

　민아는 이 영화의 핵심적 서사라고 할 수 있는 사랑 이야기에서 직접적인 당사자는 아니다.* 민아는 과거의 시은과 효신을 알지 못한 채, 현재에 뒤늦게 개입한다. 민아는 늦게 도착한 인물로서 과거를 현재로 불러오고, 기억을 통해 애도를 수행한다. 그는 현재에 영향력을 미치는 과거, 이야기 속 이야기, 텍스트 안의 텍스트를 호기심을 가지고 탐사하며, 단순한 심리적 동일시를 넘어 신체를 동반한 수행으로 나아간다. 이 수행을 위해 민아는 효신과 시은의 이야기라는 텍스트 속 텍스트로 빠져들 뿐 아니라, 텍스트 속 인물과 서사를 바깥으로 끄집어내고 관객과 겹쳐지며 타자에 의해 오염될 위험을 감수한다. 이는 문제를 해결하는 탐정이나 《장화홍련전》에서처럼 원혼의 한을 들어줌으로써 그들을 현실에서 퇴장시키는 사또와는 다르다. 이 영화에서는 어떤 문제도 해결되지 않으며, 유령은 언제든 다시 출현할 수 있다. 그리고 그것이 이 프랜차이즈가 가능한 조건이기도 하다. 민아는 효신에 이어 일곱 번째 아

---

* 오히려 시은과 효신의 과거 서사와 더 밀접하게 연결된 인물은 효신의 자살 이후 손목을 그어 자살한 국어 교사 고형석이다. 고형석은 효신에게 연정을 품고 있었으나 거절당한 것으로 추정된다.

이*가 될 수 있다.

민아는 효신이 시은을 위해 숨겨 두었던 별사탕을 마치 가상 세계에서 특별한 힘을 갖게 하는 게임 아이템처럼 먹는다. 효신의 메시지에 따르면, 이 약을 먹고도 시은이 자신을 사랑하지 않는다면 모든 것이 끝난다. 죽음을 불사하는 사랑의 힘에 민아는 강렬한 호기심과 불길함을 동시에 느낀다. 다른 학생들은 효신의 죽음으로 휴교령이 내려지면 좋겠다는 식의 극단적인 냉소를 보이며 사태를 가볍게 만들거나, 효신을 괴롭혔다는 가해의 죄책감을 덜어 내기 위해 추모 공연을 준비하는 식으로 양분된다. 혼란과 공포 속에 있는 아이들은 효신의 죽음을 이해하려 하지 않는다. 민아는 그들과는 다른, 영화에 감응하는 능력을 가진 관객이다. 감응하는 관객은 영화가 끝난 뒤에도 계속 그 영화의 영향을 받는다. 반복적인 영화보기와 강렬한 애착은 감정적이고 신체적인 변화를 만들어 내며, 때때로 특정 사안에 대한 입장과 정체성까지도 바꿀 수 있다.

이 영화는 민아의 관객수행 과정을 서사화하고 시각화함으로써, 낯설고 이질적인 타자를 마주할 때 발생할 수 있는 상황들에 대한 일종의 학습적 역할을 수행한다. 민아는 두 사람의 관계를 능동적으로 탐색하고, 자신이 효신의 위치에 놓인다면

---

* 학생들은 한 학교에 일곱 명이 자살하면 폐교된다는 소문이 있다는 이야기를 한다. 효신은 프롤로그에서 진실을 말하려다 죽은 여섯 명의 아이를 언급한다.

어떨지를 상상하며, 그 감정들을 자신의 것으로 소화해 나간다. 이러한 몰입과 체화의 감각은 기존 궤도를 벗어나 퀴어하게 보고 듣는 방식을 일깨운다.

이처럼 일종의 학습자이자 안내자로 기능하는 민아는 등장인물이자 관객의 위치를 동시에 수행하며 경계를 횡단하고, 그 과정에서 관객 역시 자신의 위치를 고정하거나 파악하기 어려운 심연으로 끌어들인다. 이러한 구조는 '미장아빔'이라 부를 수 있다. 미장아빔은 앙드레 지드Andre Gide의 일기에서 발아하여 클로드 매그니Claude Magny에 의해 명명된 개념으로, 그들은 이 기법의 핵심 요소로 볼록거울과 귀족 가문을 상징하는 문장(紋章) 중앙에 축소된 형태로 장식된 아빔en abyme을 제시한다.[23] 이는 흔히 이야기 속의 이야기, 프레임 안의 프레임으로 설명되며, 디에고 벨라스케스Diego Velázquez의 〈시녀들〉(1656)이 대표적 사례로 언급된다. 이 그림의 중심에는 어린 공주가 있고, 왼편에는 공주를 그리는 화가가, 오른편에는 공주를 지켜보는 시녀들이 배치되어 있다. 뒷벽에 걸린 볼록거울에는 공주와 화가를 바라보고 있는 국왕과 왕비가 비친다. 이 작품은 거울, 문, 회화 프레임이라는 장치를 통해 다층적인 프레임을 구성하며, 중심인물인 공주에서 주변의 관찰자들로, 다시 그림을 그리고 있는 화가로, 그림을 의뢰한 국왕과 왕비로, 그리고 궁극적으로는 그림을 바라보고 있는 현실의 관람자로 시점을 끊임없이 굴절시키고 전이시킨다. 이 과정에서 어떤 시점도 특권화되지 않으며, 다양한 시선들은 서로를 반향하지만 동시에 그 어느 하나도 완전히 소유되지 않는다.

해체주의 철학자 자크 데리다Jacques Derrida는 미장아빔을 단순한 기법 이상의 것으로 사유한다. 그는 칸트Immanuel Kant 의 '파레르곤parergon' 개념을 빌려 작품과 진실의 위계성을 해체하고자 한다. 에르곤ergon이 그림을 지칭한다면, 파레르곤은 부수적인 액자 틀, 화가의 서명, 작품 정보 같은 작품 바깥의 부록, 즉 보충적이고 비의미적인 덧붙임을 뜻한다. 데리다는 에르곤과 파레르곤의 이분법을 해체해 위계를 무화시킬 뿐아니라, "접합과 해체를 반복하며 생긴 상처, 꿰맨 자국, 구멍, 잔해들"[24]로 존재하며 의미와 주체는 죽음의 심연으로 향한다. 대립적으로 보이는 양쪽, 즉 내부와 외부, 내용과 틀 사이의 교환을 시도하면, 상호 텍스트 간의 무한반복, 거울반영이 일어나게 된다. 작가는 생산구조를 바꾸고 작품 요소들 바깥에서 그것을 뒤틀고 배신하고 함정에 가둘 때에만 전복을 꿈꿀 수 있다. 이를 위해, 작가는 프레임을 넘나들며 등장인물 및 관객이 상호 침투하게 하고 자신을 포함해 여러 위치들의 정체성을 오염시켜야 한다.*

---

* 데리다는 《조종Glas》(1974), 《회화의 진리La Vérité En Peinture》(1978), 《시선의 권리 Droit de Regards》(1985) 등의 저술을 통해 회화와 사진 매체에 나타나는 미장아빔

4장 | 민아, 혹은 오염된 관객

이러한 데리다의 기획은 생산구조를 작품 안에 반영하고, 관객으로 하여금 거리를 두고 그 구조 전체를 성찰하게 하는 지적 모더니즘의 기획과는 다르다. 관찰자가 내부의 영향을 받지 않고 전체를 성찰할 수 있도록 가장 바깥에 위치하는 방식으로는 위계를 무너트리기 어렵다. 관객이나 오염되지 않는 관찰자로서 바깥에 고정되는 경우, 가장 바깥의 위치가 언제나 더 윤리적이고 정치적일 수밖에 없기 때문이다. 주체와 세계의 일회성 반영을 넘어서 반영이 여러 방향으로 끊임없이 이뤄지고 굴절되고 방향을 잃고disorientated[**] 심연에 떨어질 위험, 식별 불가능해질 가능성, 그리고 이질적인 타자로 가득 채워질 위험을 동반한다.

〈여고괴담 두번째 이야기〉에서 교환일기를 쓴 효신과 시은

구조를 해체주의적 전략으로 분석해 왔다. 특히 마리-프랑수아즈 플리사르Marie-Françoise Plissart의 포토로망photo-roman을 다룬 《시선의 권리》는 주목할 만한데, 데리다는 플리사르 사진 작업의 미장아빔 구조를 형성하는 핵심 동력이 레즈비언 시선과 수행성임에도 이에 대한 언급을 전적으로 생략한다. 이는 텍스트의 재현 체계를 이론화하면서 그 하부구조인 퀴어적 행위자성을 탈각했다는 점에서 상당히 문제적이다.

[**] 사라 아메드Sara Ahmed는 《퀴어 현상학Queer Phenomenology: Orientations, Objects, Others》(Duke University Press, 2006)에서 퀴어 정체성을 설명할 때 등장하는 성적 지향sexual orientation을 메를로 퐁티의 현상학적인 틀로 재해석한다. 아메드는 퀴어를 공간적이고 신체적인 용어로 본다면 '직선/이성애straight'를 따르지 않는 경사가 있고slant 비뚤어진 섹슈얼리티, 즉 방향상실disorientation의 상태라고 한다. 퀴어는 욕망하는 대상에 도달하기 위해 '선을 벗어나off-line' 가야 한다.

이 에르곤이라면, 민아 그리고 연안과 지원은 파레르곤이다. 민아, 연안, 지원은 효신과 시은에 대해 논평하고 판단하는 존재들이다. 연안과 지원은 자신들로부터 효신과 시은을 끊임없이 분리하며 그들과 무관한 타자로 밀어내고 "레즈비언 냄새가 나"와 같은 혐오 발화를 퍼붓는다. 특히 연안의 과도한 반응은 그들과 분리되지 못할 수도 있다는 두려움에서 비롯된다. 효신이 이에 맞서 "생선 냄새"가 난다고 응수하는 순간, 연안은 더 큰 공격성을 드러낸다. '냄새'는 시각적으로 보이지 않고 통제할 수 없기 때문에 떼어 낼 수 있는 것이 아니다. 연안은 효신에 대한 혐오가 언제든 자신에게 향할 수 있다는 것을 직감한다. 연안은 효신의 죽음 이후에도 그 죽음을 스캔들로 가볍게 만들고 선정적인 서사로 소비하려 한다. 연안은 "걔 임신해서 자살한 거야." "야 니들은 귀도 없냐? 벌써 우리 학교 학생들이라면 다 알고 있는 사실이야. 안 그럼 신체검사 날 걔가 왜 죽어"라고 죽음의 서사를 일단락하며 봉합한다.

그러나 민아는 연안이나 지원과 달리, 관객과 함께 방향을 잃으려는 인물이다. 연안과 지원이 교환일기를 읽지 않으며 그것을 두렵고 더러운 것으로 치부하는 반면, 민아는 호기심을 억제하지 못하고 교환일기를 읽을 뿐 아니라 효신이 시은을 위해 교환일기에 써 놓은 지시 사항을 수행하며 그들의 관계와 감정에 깊이 빠져든다. 그는 심연을 들여다보고 기꺼이 오염되기를 선택한다. 앞서 살펴보았듯 민아는 팬덤 관객, 2차 창작자, 성소수자, 퀴어에 연대하고 상실을 애도하는 자 등 다양한 위치를 오간다. 어떤 위치에서도 그는 정체성의 오염과 해체를 피할 수 없다.

민아는 과거와 현재, 환상과 현실, 자아와 타자, 텍스트와 관객, 스크린의 안과 밖, 에르곤과 파레르곤 사이를 끊임없이 왕복하며 상처와 접합의 흔적, 왕래의 구멍들을 몸에 남긴다. 효신의 죽음 이후 기이한 현상들이 발생하며, 학교에는 그야말로 구멍들이 생겨난다. 창문으로 핏빛의 새가 들어오고, 수도꼭지에선 핏물이 나오고, 하수구에선 물이 역류한다. 민아의 눈은 다른 이들이 보지 못하는 것을 통과시키는 구멍이 된다. 효신의 사물함을 몰래 열었을 때, 민아는 효신의 피 흐르는 얼굴과 마주친다. 효신의 시신을 덮고 있던 흰 천을 들어 올려 그 시신의 얼굴이 자신의 얼굴인 것을 볼 때, 민아는 효신과 구분되지 않는다. 민아는 끝내 자기의 몸을 타고 올라오는 죽은 아이들의 손과 효신을 느끼게 된다. 민아의 몸은 그 자체로 많은 것들이 오가는 문턱이 된다. 효신의 얼굴이 뒤덮인 유리 천창天窓, 교환 일기 안에 장식된 거울, 난청인 시은의 귀, 눈부처를 담아낸 눈동자, 그리고 캠코더와 스크린 모두 구멍으로 기능한다.

이러한 의미에서 민아는 해답을 제시하는 인물이 아니라, 퀴어한 이야기와 접속하는 관객이 감수해야 할 위험과 책임을 자신의 신체로 통과시키는 존재다.

표준 감각을 교란하는 장치들
: 텔레파시, 캠코더, 유령의 눈

〈여고괴담 두번째 이야기〉는 학교 제도나 교사들의 획일화된 언어를 비판하면서, 아웃사이더인 아이들이 수행하는 다른 소통과 기록의 방식을 의미 있게 드러낸다. 효신은 교환일기와 텔레파시를 통해 '다르게 쓰기'와 '다르게 듣기'를 제안한다. 시은은 난청으로 인해 때때로 이명을 듣는다. 오프닝에서 영화 제목이 뜬 뒤 운동장을 달리던 시은의 귓구멍으로 카메라가 문자 그대로 빨려 들어가는 장면은, 이 영화가 관습적 청취를 넘어 각자의 존재 양식에 맞게 듣기를 재조직하고 있음을 선언하는 것이다. 여기서 중요한 것은 이미 외부화된 표현을 감상하는 일이 아니라, 신체 내부에서 공명하는 감각을 되살려 다른 채널을 만들거나 그 안으로 진입하는 것이다. 이 때문에 난청이나 이명은 치료되어야 할 결함이라기보다, 장애/퀴어 등의 소수자 집단이 구축하는 독자적 청음실로 연결될 수 있다.

음악실 회상 장면에서 음악 교사는 함께 노래하지 않는 시은을 지적하며 일으켜 세운다. 시은은 학교가 요구하는 획일적인 활동에서 이탈해 있으며, 시은이 계속 노래를 부르지 않자 교사는 공격적으로 다그친다. 그러나 교사는 시은이 왜 노래하지 않는지, 어떤 어려움과 조건 속에 있는지 묻지 않는다. 청인(聽人)의 기준으로 설계된 일방향 수업에서 시은은 '이유 없는 반항' 혹은 '무능'으로 표지화되고, 그것이 곧 훈육과 배제의 근거가 된다.

효신은 중창단과 음악 수업의 피아노 반주자다. 그러나 효신은 자신과 시은을 들을 수 있음과 없음이라는 대립으로 상정하지 않는다. 그는 차이를 결함이 아니라 창조의 조건으로 전환하며, 주류의 칭송이 보장된 피아노 반주 의자에서 기꺼이 내려와 시은이 들을 수 있는 자리, 즉 소리가 공명하는 신체 내부의 공간으로 건너간다. 효신은 시은을 위해 피아노를 열어 장기나 혈관처럼 팽팽히 당겨진 줄을 끊고, 줄이 끊어지며 발생하는 진동을 듣기의 통로로 삼는다. 이 소리는 벽장 안/피아노 안/신체 내부에서 울리며 내장화된 소리다. 따라서 그것을 듣기 위해서는 표준화되고 규범화된 바깥이 아니라, 금기와 '비정상'이 응축된 안쪽, 즉 벽장의 공간을 통과해야 한다. 더구나 효신은 피아노 안쪽을 자기들만의 공간으로 화려하게 장식해 두고, 민아와 시은은 효신이 죽은 뒤에야 그 내부를 발견한다.

효신은 시은에게 맞는 주파수를 찾아낸다. 청각장애가 없는 사람들에게 맞춰진 소리가 아니라, 신체 표면의 경계를 통과해 안쪽에서 공명하는 소리를 체험하게 하는 채널이다. 그 채널을 통해 둘은 텔레파시로 소통한다. 효신이 텔레파시로 "들리니? 세상엔 음이 있어. 사람마다 다른 음을 내는 거야. 그래서 화음이 되기도 하고 불협화음이 되기도 하고. 너와 난 아주 조화로운 화음을 듣게 될 거야, 넌 이 음을 꼭 기억해야 돼"라고 말할 때, 시은은 마침내 편하게 들을 수 있게 된다. 여기서 텔레파시는 퀴어한 사랑의 표현인 한편, 청인의 표준을 단일 기준으로 강요하는 교육제도의 폭력에 맞서 감각의 규칙을 다시 쓰는 저항의 언어다. 영화 말미에 민아가 시은과 처음으로 텔레파시로 대화하는 장면은, 민아 역시 그 소수자의 채널에 접속되었음을 뜻한다.

이러한 감각적이고 신체적인 저항은 효신이 신체검사를 하는 날 투신자살을 감행하며 '다시 태어나기'를 시도하는 순간 정점에 이른다. 신체검사는 고유한 생각, 성격, 몸을 가진 아이들을 표준화된 숫자로 기록하고 재단함으로써 훈육하고 통제한다. 학교는 동성애자의 몸, 임신한 몸, 성적으로 욕망하는 몸, 부정한 교사를 목격한 몸처럼 규범의 언어로 환원되지 않는 몸을 측정할 수 없기에 비가시화하고 제거하려 한다. 동시에 역동적으로 변화하는 사춘기의 몸, 획일화를 거부하는 몸, 그리고 죽은 몸처럼 표준 성장의 시간에 포섭되지 않은 몸 역시 기록·통제의 바깥으로 밀려난다. 계량화된 등록은 숫자를 정보가 아니라 평가로 바꾸어 정상/비정상을 가르고, 여자아이들을 몰개성적으로 만들며 자기 몸에 대한 혐오를 학습시키는 장치가 된다.

지원과 연안을 포함한 대부분의 아이들은 사회가 요구하는 '이상적인 숫자'로 등록되기 위해 안간힘을 쓴다. 지원은 가슴둘레 수치를 높이려고 브래지어에 뽕을 넣고 교사에게 숫자를 작게 말해 달라고 부탁하지만, 교사는 '71'이라고 모두가 들을 수 있게 크게 외치고 아이들은 '절벽'이라며 조롱한다. 키 재기에서는 '146.3'이 나온 아이가 측정기구가 고장 난 것 같다며 다시 재 달라고 애원한다. 연안은 몸무게 수치를 줄이기 위해 다리털까지 밀었다며 야단법석을 떤다. 신체검사는 단순히 개인 기록이 아니라 곧바로 사회적 평가와 또래 폭력으로 전환되며, 사생활이나 은밀함이 보장되지 못하는 폭력도 함께 발생한다. 효신이 자기파괴를 통해 이에 저항했다면, 다른 아이들은 그 폭력성을 감당 가능한 수준으로 만들기 위해 숫자에 과민하게 굴며 불안을 폭로하고 '이상적인 수치'에 맞추려 순응하며 이를 가벼운 코믹 소동극으로 만든다. 이에 대해 김정아는 〈여고괴담 두 번째 이야기〉가 오컬트와 코미디라는 상반되고 단절된 두 세계를 합성시키고 있다고 말한다. 두 세계 모두 "압도적인 현실"에 대한 각기 다른 반응으로서 서로에게 균열을 만든다. "오컬트의 언어가 불편하다면, 코미디의 언어는 불안하다."[25]

한편 민아는 효신을 모방하여 청력검사에서 어려움을 겪고 있는 시은을 돕는다. 민아는 팔을 뻗는 동작을 연기하듯 반복하며 소리의 방향을 암시하고, 그렇게 측정의 객관성과 정확성에 미세한 균열을 낸다. 다시 말해, 민아는 효신이 시은에게 가르쳤던 '다르게 듣기'를 흉내 내는 과정에서 점차 퀴어한 감각의 세계로 진입한다.

효신은 표준화된 기준에 대해 훨씬 더 직접적이고 파괴적인 방식으로 맞선다. 효신은 아프다고 말하며 신체검사 자체를 거부하고, 옥상에서 시은과 마지막으로 마주한 자리에서 "몸무게 몇 키로 키 몇 센티 이런 숫자들이 내 성장을 설명해 줄 수 있을까?"라고 묻는다. 신체검사가 진행되는 와중에 효신은 자살을 시도하여 신체검사를 아예 중단시킨다. 추락으로 부서진 몸, 더 이상 자라지 않는 죽은 몸, 진보적인 시간이 요구하는 성장의 궤도를 거부한 몸은 문자 그대로 측정 불가능하다. 그 지점부터 민아를 포함한 아이들, 학교 건물 자체가 유령에 들린 듯한 이상 현상을 겪으며 공황에 빠지고, 집단적으로 '정상적인 몸'에서 이탈한다. 효신의 죽음이 학교를 뒤흔들고, 역으로 학교는 극적 현상을 경험하는 '살아 있는 신체'가 된다. 그런 의미에서 효신의 유령 얼굴이 천창 전체를 덮는 장면은 중요하다. 비율에 어긋난 거대한 유령의 얼굴은 측정을 불가능하게 만들고, 그럼에도 너무 크고 선명해서 결코 외면할 수 없다. 교사와 아이들은 효신의 죽음 이후에야 비로소 효신의 퀴어함을 응시하게 된다.

효신은 신체검사를 중단시키는 저항과 더불어 '다르게 기록하기'를 끝까지 수행한다. 추락하는 순간에도 카메라를 손에 쥔 채 자신의 죽음을 기록하기 때문이다. 그리고 그날, 카메라는 학교 안에서 하루 종일 옮겨 다닌다. 효신이 투신한 날 연안은 비디오 캠코더를 학교에 가져오고, 지원은 등교 직후 연안의 캠코더로 같은 반 아이들을 촬영한다. 지원은 탐사보도 다큐멘터리를 흉내 내는 방식으로 아이들을 찍는다. 그의 카메라는 외설적 성적 농담과 짓궂은 장난으로 가득하지만, 동시에 청소년기의 만성 수면 부족과 열악한 교육 환경에 대한 미약한 고발의 목소리도 뒤섞여 있다. 책상에 엎드려 자는 아이에게 "니네 밤일 나가냐"라고 농담하며 망신을 주고, 다리를 떠는 아이를 집요하게 비추며 조롱하고, 드러내기 민망해하는 생리대를 클로즈업으로 찍고, 금지된 만화책을 폭로하듯 들춰낸다. 심지어 건너편 건물 화장실에서 소변을 보는 교사 고형석을 카메라로 훔쳐본다. 지원의 카메라는 여고생의 또래 문화를 내부자의 시선으로 노출시키며, 영화는 그의 과장된 익살이 때로 야만적이고 폭력적일 수 있음을 숨기지 않는다.

지원은 교사의 폭력적이고 차별적인 발화를 흉내 내고 캐리커처화함으로써 문제를 드러내는 듯 보이지만, 곧바로 그것을 농담으로 휘발시킨다. 고발은 더 이상 작동하지 않는다. 학교 문제는 흔히 공공연하게 알려져 있음에도 좀처럼 사건으로 처리되지 않고, 육상부 코치 고발 사례에서처럼 문제의 당사자보다는 폭로자를 색출하려는 노력이 먼저 작동한다. 교사는 학생들의 고발이 두려워 방어적으로 굳어지고, 학생들은 무력함을 학습한다. 더 나아가, 아이들 역시 순수한 피해자로만 남지 않는다. 불안 속에서 서로에게 혐오의 말을 퍼붓고, 그 혐오는 다시 또래 문화의 규율로 굳어진다.

수업이 시작되고, 생물 교사는 교실 바닥에 놓인 카메라를 발견한다. 그는 지원이 수업을 몰래 촬영하고 있다고 오해하고 크게 동요하며 분노를 드러낸다. 이 장면은 두 가지 현실을 동시에 포착한다. 하나는 디지털 영상기기를 둘러싼 세대 간 격차다. 아이들과 달리 중년의 교사는 자신이 촬영되고 있는지 아닌지조차 인지하지 못할 정도로 카메라를 낯설어하지만, 아이들은 카메라를 다루는 것에 익숙하다. 영상 기록은 더 이상 특별한 사건이 아니라 청소년 또래 문화에 깊이 스며든 일상적 실천이다. 다른 하나는 교사의 수업 태도가 카메라에 의해 노출될 수 있는 가능성이 발생하면서 교사와 학생 간의 권력관계가 변화하기 시작했다는 것이다. 교사는 학생들의 고발과 증거 영상을 두려워하게 되었다. 불합리와 부당함이 당연하게 여겨

졌던 교실 문화는 일부분 변화한다.

카메라는 이동하면서 계속 성격이 바뀐다. 지원과 연안이 교무실에서 생물 교사에게 호되게 꾸중을 듣는 동안, 효신도 조퇴를 허락받으러 국어 교사를 찾아온다. 시은 역시 육상 코치의 비리 고발 편지 때문에 교감에게 불려 온다. 효신은 시은에게 텔레파시로 말을 건네며 생물 교사의 책상 위에 놓여 있던 캠코더를 몰래 집어 든다. 이렇게 카메라는 연안에게서 지원으로, 생물 교사에게로, 그리고 효신에게로 넘어간다. 지원의 카메라가 고발과 희화적 모사의 카메라라면, 생물 교사에게 카메라는 이질적이고 위협적인 존재다. 반면 효신의 카메라는 진중하고 실존적인 자기민족지auto-ethnography, 충만한 환상의 기록보관소, 유령적 시선으로 작동한다.

김정아는 이러한 카메라 차이는 연안과 효신이 쓴 시에서도 보인다고 말한다.[26] 연안의 풍자 섞인 고발은 언설되자마자 웃음 속에서 무게를 잃고 즉각적으로 휘발된다. 국어 교사는 연안이 발표한 시에 대해 앞으로 베껴 오지 말라고 지적하며 가볍게 웃는다. 아마도 연안은 유행하는 인터넷 밈을 베껴 왔을 것이다. 하지만 효신의 진지하고 어두운 시는 아이들에게 불쾌함을 불러일으킨다. 효신은 진지함이라는 무게를 벗어던지지 않음으로써 또래 문화로부터 이탈한다. '나'에 대한 실존적 탐구 그리고 '나는 다른 미성숙한 아이들과 다르다'는 효신의 자부

심은 아이들을 불편하게 만든다. 연안의 시는 "우리"를 주체로, 효신의 시는 "나"를 주체로 내세운다. 지원의 카메라와 연안의 시가 집단적 자기보존을 위해 '나'를 희석시키며 '우리'라는 동질적 집단성을 만든다면, 효신의 카메라와 시는 차별화된 단독자로서의 '나'를 날카롭게 벼리며 자기파괴로 향한다.

연안의 시

우리들만의 이유!

우리가 사복을 입는 이유는 교복이 일본의 잔재이기 때문이고 우리가 미팅을 하는 이유는 널리 인간을 이롭게 한다는 홍익인간 정신 때문이고

우리가 수업 시간에 자는 이유는 청소년은 꿈을 가져야 하기 때문이다.

효신의 시

아무도 없다 아무도 있다 그러나 없다 아닌가 있나 없는 것 같아 아니야 있어

없다고 했지 그것은 거짓 진실은 있다 있다는 거짓 거짓은 있다

있다는 진실 아무도 몰라 아무도 없어 그래서 몰라 아무도 있어 그래도 몰라

정답은 있다 아니다 없다 있다는 진실 없다는 진실 없다는
거짓 있다는 거짓
진실은 거짓 거짓은 진실 나는야 몰라 아무도 나야 나는야
아무다
누구나 나도, 나는야 누구나 될 수 있다. 진실이 거짓이 되듯.

이러한 효신의 태도는 교환일기에 장식된 거울 효과와도 맞
닿아 있다. 한 면에 붙여진 거울은 교환일기를 읽는 자로 하여
금 흐릿하고 일그러진 자신의 이미지를 성찰하도록 만든다. 효
신은 자신의 불안과 욕망을 끊임없이 응시한다. 그것이 때로 허
영이나 나르시시즘으로 보일지라도, 그는 그에 대한 비난을 회
피하지 않고 정면으로 통과한다. 사회적 소수자 집단에 속한 이
들이 주류와 다르다는 이유만으로 차별을 경험할 때, 그 차이
를 통해 오히려 유사한 욕망을 지닌 타자들을 발견하고자 하는
열정에 휩싸이기도 한다. 앞서 언급한 눈부처 개념이 지시하듯
이, 자아는 언제나 타자와 얽혀 있으며, 자신을 응시하고 설명
하는 행위는 곧 '타자'를 발견하는 일이기도 하다. 다시 말해, 자
신을 설명한다는 것은 효신이 자신의 시에서 "나야 나는야 아
무다/누구나 나도, 나는야 누구나 될 수 있다"라고 말했듯이,
타락과 오염의 위험을 감수하는 행위다. 실제로 연안은 교환일
기에 집착하는 민아를 향해 "배신자"라고 소리치고 "그래서 유

시은이랑 너랑 사귀어? 그래서 짜릿해?"라고 비난한다. 이때 민아는 욕망에 오염된 타자, 다시 말해 동성애자로 호명된다.

영화는 교환일기뿐 아니라 곳곳에서 거울효과를 사용하면서 이미지의 이중화와 왜곡을 통해 오염을 미장센으로 구성한다. 민아가 친구들과 교환일기의 불길함에 대해 이야기하는 장면에서, 열린 사물함 문 안쪽에 부착된 거울에 민아의 얼굴이 비친다. 민아의 실제 얼굴과 반사된 얼굴이 한 프레임 안에서 마주 보는 형상이 되며 이중화된 민아는 그 자체로 유령적이고 불길해 보인다. 그리고 마침내 민아가 교환일기 속에 장식된 거울에 자신의 얼굴을 비춰 본다. '자화상'이라는 제목이 붙은 이 거울 페이지에는 '메멘토 모리'(나의 죽음을 기억하라)라는 문구가 적혀 있다. 민아가 그 주문을 읽는 순간, 다른 아이들에게는 보이지 않는 손들이 그의 몸을 휘감아 온다. 그 손들은 효신을 비롯해 죽은 아이들의 손처럼 보인다.

이어지는 장면에서 의식을 잃고 쓰러진 민아의 눈을 클로즈업한 숏이 등장한다. 클로즈업된 눈동자에 여러 사람들의 눈부처가 새겨진다. 화면을 가득 채운 눈은 민아가 눈을 감았다 뜰 때마다 열리고 닫히며 깜박이는flickering 거울-스크린이 된다. 그 표면에는 화해를 재촉하는 지원("연안이가 할 얘기 있대 빨리"), 투정 부리는 연안("효신인 잊어버려. 우리랑 상관없는 애잖아"), 질문하는 고형석("민아야, 니가 제일 마지막까지 효신이랑 같이 있었지? 효신이 마지막 모습이 어땠는지 기억하니?"), 일기를 요구하는 시은("민아야, 너 내 일기 가지고 있지?")이 차례로 반사된다. 이 효과는 영화 스크린이 타자를 비추는 퀴어한 눈의 역량이 있음을 반추하게 한다. 스크린은 역숏을 그대로 눈 안에 접어 넣으며 보는 주체와 보이는 대상의 경계를 무너뜨린다.

마침내 카메라는 유령이 된 효신과 합체된다. 1920년대에 소련의 영화감독 지가 베르토프Dziga Vertov는, 영화가 인간의 눈이 세계를 보는 방식을 모방하는 것에 머무르지 않고 인간의 눈으로는 포착할 수 없는 사물의 운동과 리듬, 물질세계와 기계의 상호작용을 기록할 수 있다고 보았다.[27] 그는 이를 영화-눈kino-eye이라 명명하며, 인간중심적 지각으로부터 해방된 카메라가 이전에는 볼 수 없던 진실을 드러낼 수 있다고 선언했다. 효신 역시 일종의 영화-눈이 된다. 효신은 시은의 생일에 죽음을 선택하고 그날 다시 태어나려 한다. 그는 자기파괴적 해체를 통한 재탄생을 꿈꾸며 표준화되고 규범적인 기록을 중단시킨다. 그는 녹화 버튼이 눌린 카메라와 함께 추락하며, 세계를 다시 짓기 위해 자기 몸을 카메라에 내어 준다. 자기를 설명하고 세계를 자기 방식대로 그리려는 욕망은 오히려 반나르시시즘적인 방향으로 향한다.

물리적 몸을 탈피한 효신은 편재하는 눈이 되어, CCTV처럼 보이는 오버헤드 앵글이나 수직으로 내려다보는 하이앵글

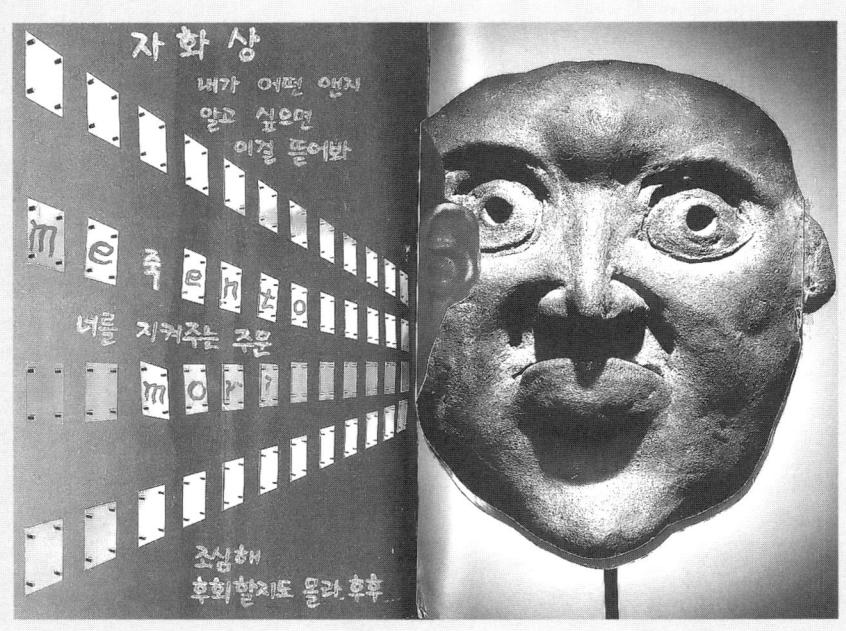

죽음으로부터 지켜 주는 주문(메멘토 모리)이 적힌 교환일기 페이지. 가면 얼굴을 펼치면 거울이 나온다.

거울에 자신의 얼굴을 비춰 보던 민아가 "메멘토 모리"를 반복해서 외우자 귀신들의 손이 다가온다. 민아는 벗어나기 위해 발버둥을 치다 쓰러진다.

을 갖는다. 유령 효신은 영화-눈이 된다. 특정 인물의 시선으로 환원되지 않고 약간 흔들리며 과잉노출된 화면, 지글거리는 질 감은 유령의 지각을 시각화한다. 유령의 영화-눈은 상담실에 있는 고형석, 시은, 민아의 대화를 엿듣고, 귀신 들린 것 같은 두려움에 수돗가 근처에 일기장을 버리는 민아를 지켜보고, 피 아노 안에 자신이 꾸며 놓은 장식을 발견하는 민아에게 다가가 고, 음악실에서 추모곡을 연습하는 아이들 간에 벌어진 싸움을 내려다본다. 그리고 아이들은 효신의 유령을 본 것 같다는 환 각에 빠지고 집단적 공황 상태에 놓인다. 이 장면들에서 중요한 것은 유령의 실체 여부가 아니라, 죽은 자의 시선이 학교 공간 을 관통하며 오히려 학교를 역동적으로 만든다는 사실이다.

디지털 캠코더와 CCTV는 이미 아이들의 일상 속에 깊이 스며들어 있지만, 동시에 여전히 낯선 기계적 이질감을 지닌 매체다. 이 영화의 후반부에서 캠코더와 결합한 유령의 시선은 기이하면서도 슬픈 감정을 자아낸다. 이 영화는 서너 차례의 점프 스케어jump scare*를 제외하고는 딱히 무서운 장면이 없다. 이러한 이유로 이 작품은 전작에 비해 '무섭지 않다'는 평가를 받았고, 공포 장르에 대한 관객의 기대를 충분히 충족시키지

---

* 공포영화에서 크고 무서운 소리와 함께 장면을 전환하거나 괴물이나 유령 등의 무서운 존재가 갑작스럽게 등장해 관객을 놀라게 하는 기법. 효신의 피 흘린 얼굴 이 사물함에 등장하는 장면이 대표적일 것이다.

못한 영화로 기억되기도 한다. 오컬트영화로 읽을 경우에도 실제 귀신이 등장한다기보다는 민아가 효신과 시은의 사랑 서사에 과도하게 몰입해 환각을 겪는 것으로 해석할 수 있으며, 아이들 역시 죄책감과 두려움 속에서 집단적 히스테리를 경험한다고 볼 수 있다. 그럼에도 으스스한 장면들이 있는데, 대표적인 것이 효신 유령의 영화-눈이다.

효신의 영화-눈은 처음에는 1편처럼 학교 여기저기를 자유롭게 헤집고 다니며 복수를 꿈꾸는 유령처럼 보인다. 그러나 곧 그보다는 죽음을 애도하고 재탄생을 축복해 주길 원한다는 것을 알 수 있다. 축복 없이 재탄생은 어렵다. 효신의 영화-눈은 그래서 분노보다는 슬픔의 정서에 가까워진다. 하지만 애도는 충분히 이루어지지 않는다. 효신의 유령이 시은과의 애착 관계 속에서 학교를 벗어나지 못하듯, 교사와 아이들의 혐오도 단순한 죄책감과 두려움으로는 전복되지 않는다. 효신 유령은 서사를 다르게 만들어 보고 싶지만 개별 유령의 힘은 무력하다.

이 지점에서 〈여고괴담 두번째 이야기〉는 공포의 해소가 아니라, 지워지지 않는 흔적과 시선의 잔여를 선택한다. 그리고 바로 이 잔여는, 실제 여자 중·고등학교 현장에서 벌어진 성소수자 학생들에 대한 검열과 통제 속에서도 살아남은 퀴어 청소년들, 그리고 한국영화사에서 꾸준하게 명맥을 이어 왔던 퀴어영화들의 존재 방식이기도 하다.

'효신 유령'의 영화-눈 시점
상담실-교실-민아와 친구들의 다툼-수돗가-피아노-강당

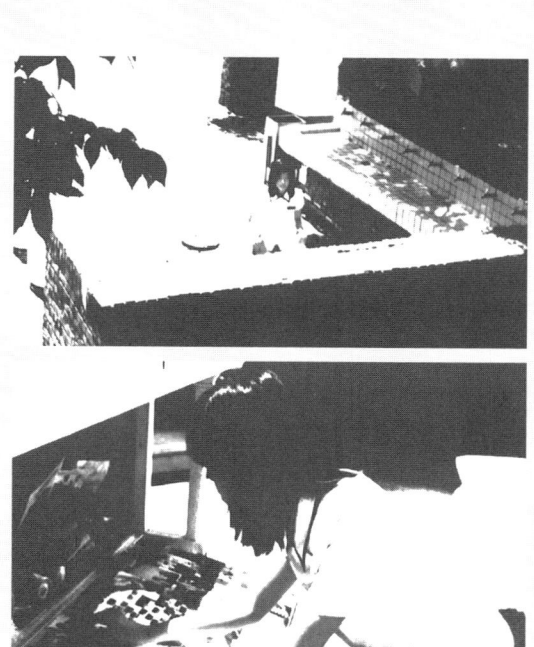

5장
이반검열의 역사와
퀴어영화의 벽장

"효신아, 넌 참 나쁜 애야. 정말 나빠.
단 한 번도 미워한 적 없는데,
이제 영원히 미워할 거야.
생일 축하해."

이반검열과
혐오의 정동

1990년대 문민정부의 출범과 함께 한국 사회에서는 시민 사회운동이 점차 확장되었고, '인권'이 중요한 정치문화적 의제로 부상하기 시작했다. 이 시기 시민사회운동은 민족-국가 중심의 관점에서 벗어나 더 포괄적이고 포용적인 인권 담론으로 이동했으며, 그 과정에서 여성운동뿐만 아니라 성소수자, 장애인, 청소년, 이주민 등 그동안 사회적으로 배제되거나 주변화되었던 집단들이 자신들의 존재를 가시화하고 사회 구성원으로서의 권리를 요구하기 시작했다.*

성소수자 운동 역시 이러한 흐름 속에서 조직적 형태를 갖추기 시작한다. 1993년 동성애자 인권단체 '초동회'의 결성을 시작으로, 이후 이를 계승한 '친구 사이', 그리고 한국 여성 성적 소수자 인권운동단체 '끼리끼리' 등이 등장하며 운동은 점차 확장되었다. 1990년대 중반 이후에는 대학가를 중심으로 신좌파의 흐름 속에서 성정치 담론이 본격적으로 소개되고 성소수자 동아리들이 조직되었으며, 1996년에는 연합모임인 '대

---

* 1990년대 "민권운동에서 인권운동"으로 변모하던 시기에 대해서는 다음을 참조. 류은숙 외, 《대한민국 인권 근현대사: 인권운동사 4》, 국가인권위원회, 2019, 21~29쪽.

학동성애자인권운동협의회'가 발족되었다. 이러한 운동조직을 통해 젊은 성소수자들은 자신과 같은 종족을 만나 정체성을 공유하면서 자긍심을 느낄 수 있는 기회를 마련했다.[*]

레즈비언 커뮤니티가 크게 증가하기 시작한 것도 이때였다.[**] 물론 1990년대 이전에도 레즈비언 커뮤니티가 없었던 것은 아니지만, 대체로 친목 모임 단체의 성격이 강했다.[***] 1990년대 들어 레즈비언 공동체의 성격이 질적·양적으로 변화한 결정적 계기는 PC통신의 확산이었다. PC통신은 익명성을 보장하고 전국적 네트워크를 가능하게 했다. 천리안, 하이텔, 나우누리 등에 다양한 레즈비언 커뮤니티가 형성되었고, 인권활동부터 학술비평 그리고 연애와 취미까지 다양한 주제로 모였다.[****] 이러한 영향으로 1997년 레즈비언 독립잡지 《니아까》

[*] 1990년대 이후 한국 성소수자 운동의 역사와 제도화에 대해서는 다음을 참조. 나영정, 〈한국 성소수자 운동과 제도화의 역설〉, 《진보평론》 제63호, 2015, 228~257쪽.

[**] 본 장의 한국 레즈비언 커뮤니티에 대한 역사적 서술은 한채윤의 연구를 참조했다. 한채윤, 〈한국레즈비언 커뮤니티의 역사〉, 《뉴 래디컬 리뷰》 제49호, 2011.

[***] 1965년 조직되어 1980년대 해체됐다고 알려진 '여운회,' 1970년대부터 있던 여성전용다방 '샤넬', 1980년대 이태원의 게이바를 중심으로 게이 커뮤니티와 어울리던 레즈비언들 모임들이 있었다. 한채윤, 앞의 논문, 102~103쪽.

[****] 1995년 천리안 게시판에 '퀴어넷'이 개설됐고, 하이텔에선 '열린마음'이란 소식지가 제작·배포되었다고 한다. 1996년에는 나우누리에 '레인보우', 하이텔에 '또하나의사랑'이 만들어졌다. 1996년에는 한국통신에서 제공되던 153전화동아리 서비스를 이용한 레즈비언 지역조직이 활성화되기도 했다. 한채윤, 앞의 논문, 108~109쪽.

가 창간되었고, 신촌에 '쇼녀'와 '라브리스'라는 레즈비언바가 개장하면서 신촌은 명실상부한 레즈비언들의 장소가 되었다.

이러한 변화는 영화와 텔레비전 등 드라마를 포함한 시청각 문화 전반으로 확장되었다. 레즈비언 서사를 전면에 내세운 드라마와 해외 퀴어영화들이 연이어 주목을 받았다. 특히 1997년은 한국 대중문화에서 레즈비언 재현을 논할 때 기억할 만한 해로 자리한다. 1997년 11월 7일 성폭행과 낙태라는 고통을 공유하며 우정을 넘어선 사랑을 그린 드라마 〈은비늘〉이 KBS 금요극장에서 방영되었고, 12월 26일에는 SBS에서 레즈비언 사이코스릴러 장르를 표방한 〈숙희, 정희〉가 전파를 탔다.[28] 비슷한 날짜에 두 편의 레즈비언 서사 드라마가 지상파에서 방영되었다는 사실은 당시로서는 매우 이례적인 사건이었다.

같은 해, 레즈비언 스릴러 〈바운드Bound〉(워쇼스키 자매, 1996)와 억압적인 힌두 사회를 배경으로 한 레즈비언 멜로드라마 〈화이어Fire〉(디파 메타, 1996)가 국내에 개봉되면서 크게 화제가 되었다. '퀴어영화'는 영화잡지와 평단을 중심으로 중요한 화두로 부상했다. 또한 1997년 '제1회 서울국제퀴어영화제'가 기획되었으나, 영화제 개최 예정지였던 연세대 동문회관을 관할하는 서대문구청의 압력으로 행사가 취소되었다. 더불어 등급심의를 담당하던 공연윤리위원회는 〈해피투게더(春光乍洩)〉(왕가위, 1997)에 대해 수입불가 판정을 내렸고, 이는 동성애 탄압과 표현의 자유 침해에 반대하는 전국적인 서명운동으로 이어졌다.*

한편 1997년에 있었던 제15대 대통령선거에서는 주요 대선 후보들을 대상으로 한 질의 가운데 처음으로 동성애에 관한 질문이 포함되었다. 1997년 11월 28일자 《한겨레》는 "동성애자들의 생각이나 삶을 다룬 책, 영화, 연극을 본 적이 있는지? 그들의 운동에 대해 어떻게 생각하는가"라는 질문을 던졌다.[29] 이에 당시 대통령 후보였던 김대중은 동성애에 동의하지 않지만 인권 보장으로 접근할 필요가 있다는 입장을 내놓았고, 권영길은 영화 〈필라델피아Philadelphia〉(조너선 드미, 1993)를 보았고 한국 사회가 동성애운동을 수용할 충분한 사회적 여건을 갖추었다고 답했다. 이회창과 이인제는 인간으로서의 존엄과 인권 보장은 존중되어야 한다는 점에는 공감하면서도 사회적 합의가 더 필요하다는 유보적 태도를 취했다. 같은 시기 레즈비언 인권운동 단체 '끼리끼리' 역시 네 명의 대선 후보에게 동성애 관련 공개 질의서를 발송했으며, 이 가운데 김대중 후보로부터 공식적인 답변을 받은 것으로 알려져 있다.[30]

이러한 일련의 사건들은 '퀴어', '성소수자', '성적 지향', '동

---

* 개최가 불발된 서울퀴어영화제는 '차이의 시선, 부정의 시선'을 주제로 1998년 11월 6일부터 14일까지 아트선재센터에서 개최되어 1회 행사를 무사히 마쳤다. 〈국내 첫 동성애영화제/'서울 퀴어영화제' 연다〉, 《서울신문》 1998년 10월 22일자. https://m.seoul.co.kr/news/1998/10/22/19981022012002

성애', '게이', '레즈비언'과 같은 용어들이 빠르게 공적 담론의 장으로 유입되기 시작한 지점을 보여 주며, 성소수자 정체성이 점차 사회적으로 가시화되기 시작했음을 시사한다.

그러나 이 과정에서 성인 중심의 성소수자 역사 서술에서 지워졌던 청소년들의 존재를 잊어서는 안 된다. 한채윤에 따르면, 당시 청소년 레즈비언의 경험은 '신공', '팬픽이반', '이반검열'이라는 세 가지 키워드로 요약될 수 있다.[31] '신공'은 서울 신촌의 한 공원을 가리키는 은어로, 수도권 청소년 레즈비언들이 모이던 장소였다. 당시 일요일에 수백 명의 10대 여성들이 모일 정도로 중요한 공간이었다. 이들은 흡연이나 거친 행동 등을 이유로 도덕적 비난의 대상이 되기도 했다. 한편 청소년 레즈비언들은 아이돌스타를 소재로 한 팬픽Fan Fiction 창작 활동에 적극적으로 참여했고, 이러한 창작 공동체 속에서 자신의 성적 정체성을 인식하고 형성해 나갔다.

비록 이들이 주로 썼던 팬픽은 남자 아이돌을 주인공으로 한 BL(Boys' Love) 형식이었지만, 〈여고괴담 두번째 이야기〉에서 민아 역시 이러한 청소년 레즈비언들의 문화적 실천과 유사한 위치에 놓인다. 앞서 상세히 살펴보았듯, 민아는 교환일기를 읽는 행위를 통해 효신과 시은의 사랑을 상상하고, 그 감정과 정체성에 깊이 이입하며, 그 과정에서 자신의 감각과 욕망을 새롭게 인식하게 된다. 교환일기를 읽는 동안 삽입되는 효신과 시은의 과거 장면들이 민아의 시청각적 번역과 상상에 기반한다는 점에서, 민아는 일종의 팬픽을 쓰고 있는 존재라고 할 수 있다. 〈여고괴담 두번째 이야기〉는 분명히 이러한 레즈비언 청소년들의 서브컬처를 의식적이거나 무의식적으로 반영했을 것으로 추정된다.

그러나 '동성애' 혹은 '이반(異般)'* 담론이 여학생들 사이에 확산되고 퀴어한 창작 실천이 활성화되자, 여학교들은 이전까지 중고등학교 시절의 추억 어린 낭만적인 관계로 묵인하던 여성 동성 간 친밀성을 본격적으로 검열하기 시작했다. 이른바 '이반검열'은 2000년대 초반 여학교에서 이루어진 동성애 학생 색출과 처벌을 가리킨다. 역설적이게도 사회적 공론화와 가시화의 증가는 보호가 아니라 혐오와 검열로 이어졌다. 일부 학교는 여중생들 사이에서 동성애가 '유행'하고 있다는 인식 아래 검열을 정당화했다.[32]

그 결과, 학교 현장에서 동성애혐오를 노골적으로 표출하는 교사와 학생의 수가 증가했다. 머리 길이, 복장, 여학생들 간의 깊은 친밀성은 물론이고 손을 잡거나 껴안는 행위와 같은

---

* 한국에서 성소수자, 특히 동성애자를 가리키는 용어로 일반(一般)적인 사람들과 다르다는 의미에서 유래되었다. 1990년대 후반 PC통신 성소수자 커뮤니티에서 널리 사용되었고, 2010년 이후에는 '퀴어'나 '성소수자'가 보편화되면서 사용이 줄었다. 〈한국성적소수자사전〉, 성적소수자문화인권센터, kscrc.org/xe/board_yXmx36/4767

애정 표현까지도 검열의 대상이 되었다. 레즈비언으로 '적발된' 학생들은 벌점을 받았고, 심한 경우 퇴학이나 강제 전학 조치를 당했다. 일부 학생들은 심각한 집단 괴롭힘을 겪은 끝에 결국 학교를 그만두기도 했다.

2001년 6월에는 한 포털사이트의 동성애자 커뮤니티가 갑작스럽게 강제 폐쇄되었고, 커뮤니티에 가입한 청소년들의 명단이 경찰에 전달되었다는 소문이 퍼지면서 공포가 확산되었다. 이러한 상황에서 청소년 동성애자 모임은 자발적으로 해산하거나, 탈퇴 신청이 쇄도하면서 사실상 붕괴되었다. 특히 여성 청소년 동성애자들은 극심한 불안 상태에 놓였으며, 정확한 정보를 얻을 경로를 상실한 채 또래 문화 내부에서 공포를 키워 갈 수밖에 없는, 더욱 취약한 위치로 밀려나게 되었다.[33]

이러한 이반검열의 현실을 직접적으로 다룬 작품으로는 여성영상집단 움이 제작한 다큐멘터리 〈이반검열〉(2005)과 〈out: 이반검열 두번째 이야기〉(2007)를 들 수 있다. 특히 〈out: 이반검열 두번째 이야기〉는 이영 감독이 퀴어 청소년 당사자인 천재, 초이, 꼬마의 셀프 카메라 영상을 바탕으로 연출한 작품이다. 혐오 공격의 위험 때문에 세 주인공은 눈을 가린 가면을 착용한 채 등장하지만, 그럼에도 불구하고 자신을 설명하고 표현하려는 의지를 포기하지 않은 채 카메라를 든다. 이러한 선택은 퀴어에게 가시성과 비가시성의 정치가 어떻게 다르게 작동하는지를 영화적으로 드러낸다. 가면 착용은 숨기는 것을 목적으로 하지 않는다. 가면은 그들의 가시성의 조건, 즉 자기를 설명하는 하나의 표현 방식이다.

이 영화는 서로 다른 퀴어적 경험을 지닌 세 청소년의 삶을 따라가며, 학교 현장에서 이루어진 이반검열이 얼마나 폭력적이고 야만적인 방식으로 작동했는지를 드러낸다. 동시에 이 영화는 세 인물이 자신의 퀴어 정체성을 탐색하고 성찰하며, 가까운 관계들을 되돌아보고, 점차 주체적인 인간으로 성장해나가는 모습을 포착한다.

천재는 중학교 시절 여자 친구와 교제했다는 이유로 학교에서 이반검열을 당했으며, 고등학교에 와서는 남자 친구와 관계를 맺는다. 천재가 양성애자일 가능성이 열려 있음에도, 현재 남자 친구는 그의 퀴어 정체성을 부정한다. 천재는 퀴어 정체성이 자신에게 어떤 의미인지를 놓고 갈등한다. 초이는 아우팅 이후 고등학교를 자퇴하게 되었고, 그 감정이 사랑이었는지 우정이었는지 뒤늦게 고민한다. 꼬마는 엄마에게 레즈비언으로 커밍아웃한 뒤, 퀴어 인권활동가로서의 삶을 꿈꾸게 된다. 청소년기는 다양한 관계와 감정을 경험하며 자신의 욕망을 탐색하는 시기임에도 불구하고, 학교는 이러한 고민과 성찰 자체를 금지하고 억압한다는 점을 이 영화는 날카롭게 비판한다. 2000년대 초반 여학교에서 발생한 이반검열 사건들은, 동성애 행위 그 자체보다는 오히려 퀴어한 감정, 친밀성, 성찰성, 그리고 규범적 시간 질서에 포섭되지 않는 관계의 지속 가능성을 제거하려는 시도였다. 이반검열은 퀴어 청소년을 현재의 문제적 존재로 낙인찍는 데 그치지 않고, 그들이 도달할 수 있었을지도 모를 미래 자체를 상상 불가능한 것으로 만드는 정책이었다.

〈여고괴담 두번째 이야기〉는 1999년에 개봉한 작품이지만, 영화 전반에서 이반검열이 본격화되기 시작하던 당시의 분위기를 이미 감지할 수 있다. 영화가 개봉될 무렵에는 '레즈비언'이라는 단어가 중고등학교에서 이미 혐오적 언어로 유통되고 있었다. 연안은 효신에게 "레즈비언 냄새가 난다"는 말을 던지며 노골적인 혐오 공격을 가한다. 효신과 시은은 우정과 사랑 사이에서 갈등하는 존재들은 아니다. 두 사람은 자신들의 관계가 동성애적 사랑이라는 사실을 분명히 인식하고 있다. 그런 점에서 이 영화는 오컬트 공포의 장르적 외피를 취하고 있지만, 동시에 퀴어 담론이 공적 영역으로 확산되던 혼란스러운 시기, 학교라는 공간에서 청소년 퀴어를 향해 조직화되던 혐오의 문화를 세밀하게 포착한 하나의 인류학적 스케치라고 할 수 있다.

퀴어영화의
벽장

세계 영화사에서 여학교를 배경으로 10대 여성들이 퀴어한 욕망을 형성하는 서사는 1930년대 이후 비록 소수이지만 꾸준히 제작되어 왔다. 이러한 10대 레즈비언 영화에서 반복적으로 등장하는 재현 방식은 세 가지 유형으로 나눌 수 있다. 첫째는 암시적 재현이다. 이 유형에서는 레즈비언 욕망이 명시적으로 드러나기보다는 잠재적인 것으로 표현되며, 동성애적 관계는 모성애, 우정, 연민 같은 친밀한 여성들 간의 감정과 명확히 구분되지 않는다. 둘째는 비극적 접근이다. 이 유형은 욕망과 관련된 고통과 좌절을 중심으로 서사를 전개하며, 자살(시도), 자해, 살인, 내면화된 동성애혐오, 남자 연인의 등장으로 인한 관계 상실 등이 반복적으로 등장한다. 셋째는 성장 서사로, 성인이 되는 과정 속에서 정체성의 발견과 자기수용, 사회와의 협상을 다룬다. 특히 커밍아웃이 성장의 주요한 계기로 작동한다.[*]

---

[*] 암시적 재현으로 〈제복의 처녀들〉(1931), 〈행잉록에서의 소풍〉(피터 위어, 1975), 〈천상의 피조물〉(피터 잭슨, 1994), 〈써틴〉(캐서린 하드윅, 2003) 등이 대표적이다. 비극적 접근의 대표적 예로는 〈러빙 애나벨〉(캐서린 브룩스, 2006) 등이 있고, 세 번째 범주로는 〈하지만 나는 치어리더예요〉(제이미 배빗, 1999), 〈사랑에 빠진 두 소녀의 모험〉(마리아 마젠티, 1995), 〈쇼우 미 러브〉(루카스 무디슨, 1998), 〈D.E.B.S.〉(안젤라 로빈슨, 2004), 〈소녀혁명 우테나〉(이쿠하라 쿠니히코, 1999), 〈셋 미 프리〉(레아 풀, 1999), 〈워

이러한 반복적 유형은 10대 레즈비언 서사를 가시화하는 데 일정한 성과를 거두었지만, 동시에 각각이 클리셰로 고착될 위험 또한 안고 있다. 암시적 재현은 여성 간의 친밀성 속에서 동성애적 욕망과 정체성을 무력화할 가능성이 있으며, 비극적 접근은 현실의 억압을 공론화하고 재현하는 데서 나아가 퀴어에게 '미래 없음'만을 강조하는 결과로 이어질 수 있다. 성장 서사 역시 정체성의 명확화가 곧 더 나은 삶이라는 진보적 시간성에 갇힐 위험을 내포한다.

이러한 맥락에서 볼 때 〈여고괴담 두번째 이야기〉는 두 번째 유형, 즉 비극적 접근에 속한다고 할 수 있다. 그러나 동시에 이 영화는 효신의 자기파괴적 죽음이 시은과 민아에게 전혀 다른 가능성을 열어 줄 수 있음을 강조한다. 화장실에서 발견된 죽은 새, 배수구에서 역류하는 핏물, 효신의 거대한 얼굴의 출현은 세계가 더 이상 이전의 질서로 작동하지 않음을 알리는 징후들이다. 자기혐오와 수치심에 빠져 있던 시은은 효신의 절박함과 고통을 이해하지 못했음을 뒤늦게 후회하면서 "널 한 번도 미워한 적 없다"라고 고백하고 비로소 애도를 시작한다. 모든 아이들이 학교를 빠져나간 후에도 시은과 민아는 그 자리

터 릴리스〉(셀린 시아마, 2007) 등이 있다. Rebecca Beirne, "Teen Lesbian Desires and Identities in International Cinema: 1931-2007", *Journal of Lesbian Studies*, 16:3, 2012, pp. 258-259.

에 남는다. 민아와 시은은 효신과 시은이 그랬던 것처럼 텔레파시로 대화할 수 있게 된다. 민아는 마침내 퀴어한 종족이 된다. 시은은 효신이 떨어진 옥상으로 향하고, 민아는 그 뒤를 따른다.

문이 열리며 강렬한 빛이 쏟아지는 순간, 영화는 더 이상 유령의 시점에 머무르지 않는다. 눈부신 빛 때문에 앞으로 펼쳐질 학교 바깥의 세계는 가시화되지 않은 채 미정의 상태로 남는다. 그 세계를 어떻게 살아갈 것인지는 이제 떠난 효신의 몫이 아니라, 효신의 기억을 안고 살아가야 할 시은과 민아에게 맡겨진다. 시은은 이제 주변에 만연한 동성애혐오 혹은 그로 인해 내면화된 자기혐오를 멈출 수 있을까. "널 한 번도 미워한 적 없다"라는 대사는 시은을 향한 뒤늦은 사랑 고백일 뿐 아니라 '나는 더 이상 나 자신을 미워하지 않겠다'는 선언으로 들린다. 나아가 효신과 시은의 관계를 깊게 이해하게 된 민아, 혹은 이 영화를 본 관객은 이 경험 이후 동성애를 바라보는 시각을 바꾸거나 본인의 퀴어한 관계를 새롭게 상상할 가능성 앞에 놓인다.

시은과 민아가 과다 노출된 밝은 빛 속으로 이동하며 화이트아웃된 직후 이어지는 영화 속 영화에 가까운 부록 영상은 미래가 아니라 기억의 파편들을 펼쳐 보인다. 효신이 왜 죽을 수밖에 없었는지, 그가 생전에 어떤 기쁨을 누렸는지, 그리고 그의 죽음으로 상실한 것은 무엇인지를 기억하지 않고서는 미래를 상상하는 것 자체가 불가능하기 때문이다. 그래서 이 부록 영상이 강조하는 것은 고통이 아니라 사랑과 기쁨의 순간들이다.

서정적이고 몽환적인 메인 테마음악이 흐르는 가운데, 부록 영상은 교회 첨탑을 배경으로 옥상 가장자리에 걸터앉아 있는 효신을 담은 롱숏으로 시작한다. 이어 종소리가 울리는 가운데 아래를 내려다보며 거의 체념에 가까운 미소를 짓는 효신의 바스트숏이 등장한다. 효신을 비추던 카메라는 점차 하늘 위로 이동한다. 곧 무언가 떨어지는 소리와 함께 격렬하게 흔들리며 추락하는 시점이 재현된다. 이는 효신이 떨어지며 손에 쥐고 있던 캠코더의 시점으로 보인다. 죽음의 순간까지 기록한 이 캠코더는 '죽음을 기억하라'는 요청을 충실히 수행한다. 이 캠코더 녹화 영상은 추락하는 죽음의 심연에서 방향을 상실하고disoriented '정상적이고 똑바른straight' 궤도를 일탈하는 저항성을 지닌다.

효신의 죽음의 순간을 기록한 캠코더에는 효신의 기억이 저장되어 있다. 이후 캠코더가 기록한 장면들이 계속해서 이어진다. 시은의 생일을 축하하며 효신이 노래를 부르는 셀프 카메라 영상이 추가되는데, 이는 동시에 죽음을 통해 다시 태어날 효신 자신의 생일을 예기하는 장면이기도 하다. 이어서 이

전에 한 차례 등장했던 과거 장면으로 전환된다. 이 장면은 세 개의 몽타주 숏으로 구성되어 있다. 여전히 밝은 오후의 옥상에서 효신이 느긋하게 책을 읽고 있고, 시은은 그 곁에서 뛰어다니며 놀다가 천진하게 옥상 안테나에 양말을 걸어 둔다. 노을 질 무렵의 다음 숏에서 효신 역시 양말을 넌다. 세 번째 숏에서 어두워진 저녁까지 둘은 함께 춤을 추고 장난치며 어울리고 있다. 여전히 메인 테마음악이 흐르는 가운데 크레디트가 올라간다.

이 몽타주는 빛과 시간의 흐름을 강조하지만, 그 흐름은 더 이상 효신의 삶 안에서는 지속될 수 없다. 어떤 의미에서 효신은 그 순간에 붙들려 있다. 녹화된 비디오테이프를 반복해서 재생하듯이 말이다. 그럼에도 이 장면은 마치 영원히 지속될 것만 같은 기묘한 노스탤지어를 불러일으킨다.

옥상은 효신이 몸을 던진 장소일 뿐 아니라, 두 사람이 가장 아름다운 기억을 공유했던 공간이다. 또한 억압적이고 폐쇄적인 학교에 속해 있지만 외부로 열려 있는 유일한 공간이기도 하다. 옥상 문을 여는 순간, 이 공간은 두 사람의 행복한 시간이 봉인된 또 하나의 벽장처럼 기능한다. 그 벽장 안에는 두 사람의 행복한 시간을 기록한 비디오테이프가 남아 있다. 효신처럼 죽음을 선택할 수밖에 없었던 소수자의 삶을 기억하는 누군가가 그 비디오테이프를 발견해 재생한 듯한 인상을 준다.

그 인물은 효신을 배신했다가 뒤늦게 후회하는 시은일 수도 있고, 모두에게 미움받던 효신을 이해하고 동일시하려 했던 민아일 수도 있다.

　오후부터 저녁까지 옥상에서 행복한 시간을 보내는 효신과 시은의 몽타주 영상은 누가 촬영한 것인지 명확하지 않다. 그러나 건너편 건물에서 촬영된 것처럼 보이는 이 영상은 핸드헬드 촬영과 캠코더 특유의 질감을 통해, 화면 속에 직접 등장하지 않는 촬영자의 존재를 분명하게 드러낸다. 현장감이 날카롭게 느껴지는 이러한 연출은 관객이나 제작 주체를 스크린 밖의 위치에서 캠코더가 있는 건너편 건물 장소로 호출하며, 과거의 시간을 현재로 소환한다. 다시 말하면, 이 장면은 효신과 시은의 행복했던 순간을 잊지 않게 하려는 감독들의 애도 작업이자, 그러한 순간들이 단지 한때의 추억으로만 머물지 않고 삶의 지속성 속에서 가능해지기를 요청하는 제스처이기도 하다. 영화 속 영화처럼 삽입된 이 영상들은, 한국의 레즈비언 영화 서사가 오랫동안 청소년기의 시간성에 갇혀 성인으로 이어지는 삶을 상상하지 못했던 현실을 징후적으로 드러낸다. 동시에 이 결말은 비극이나 성장이라는 기존의 도식 어느 하나로 환원되지 않으며, 실패와 상실 이후에도 남아 있는 감각과 기억, 그리고 관계의 잔여를 통해 다른 시간성을 사유하도록 만든다.

　캠코더로 촬영된 두 사람의 과거 행복한 장면들은, 시간 감각을 강하게 환기하는 그 아날로그 질감으로 인해 필연적으로 강한 노스탤지어를 불러일으킨다. 옥상으로 나가기 직전, 민아는 텔레파시로 "미안해. 일기 잃어버렸어"라고 시은에게 사과한다. 이에 시은은 텔레파시로 "괜찮아. 일기는 다시 쓰면 되니까"라고 응답한다. 교환일기를 다시 쓰기 위해서는 미래의 시간이 필요하다. 그러나 옥상 문이 열리는 순간, 영화의 시간은 미래로 나아가기보다 과거로 되돌아간다. 영화는 시간을 역행시키며 과거를 미래의 자리에 배치한다. 안전하고 친밀하며 충만했던 과거의 행복한 시간들은 벽장 안에 잘 봉인되어 시간여행을 하다가 언젠가 미래에 도착할 수 있을 것이다. 이는 언젠가 도래할 수 있는 퀴어한 해피 엔딩을 상상하게 한다.

한국영화사에서 10대 레즈비언 서사를 포함한 다수의 장편 극영화들은 그 정체성이나 관계를 현재의 시점에서 서술하기보다는 이미 지나간 시간, 혹은 비밀스러운 감정으로 회고하는 경향이 강하다. 이들 영화에서 동성애 관계는 미장아빔의 '아빔'으로서 중핵에 있는 충만하고 유토피아적인 세계를 형성하지만, 동시에 지금은 불가능하거나 더 이상 미래가 없는 형태로 제시된다. 이때 여성 동성애는 처음부터 명시되기보다는 암호처럼 봉인된 비밀로 구조화된다. 다시 말해, 여성 동성애는 흐릿하게 암시되다가 장르적 반전이나 주제적 급진성을 강화하는 장치로서 후반부에 드러나는 경우가 많다.

이러한 경향은 명시적 레즈비언 관계뿐 아니라, 모호한 여성 간 친밀성의 스펙트럼까지 포괄할 때 더욱 분명해진다. 그 예로, 〈텔미썸딩〉(장윤현, 1999), 〈연애소설〉(이한, 2002), 〈여고괴담4: 목소리〉(최익환, 2005), 〈철없는 아내와 파란만장한 남편 그리고 태권소녀〉(이무영, 2002), 〈주홍글씨〉(변혁, 2004), 〈써니〉(강형철, 2011), 〈청포도 사탕: 17년 전의 약속〉(김희정, 2012), 〈경성학교: 사라진 소녀들〉(2015, 이해영), 〈비밀은 없다〉(이경미, 2016), 〈죄 많은 소녀〉(김의석, 2017), 〈누에치던 방〉(이완민, 2018), 〈여고괴담 여섯번째 이야기: 모교〉(이미영, 2021) 등을 들 수 있다.

특히 〈텔미썸딩〉, 〈연애소설〉, 〈철없는 아내와 파란만장한 남편 그리고 태권소녀〉, 〈주홍글씨〉 같은 장르영화들은 여성 동성애를 유년기의 비밀로 설정하고, 미스터리 서사의 반전 장치로 구조화한다. 이들 영화에서 주인공들은 성인이 된 현재 시점에서는 이성애적 관계에 놓여 있는 것처럼 보인다. 이후 서사 후반부에서 심연 속에 봉인되었던 여성의 동성애적 욕망이 뒤늦게 드러나고, 여성-남성-여성의 삼각관계가 형성되며, 남성이 서사의 중심에 위치하게 된다. 흥미로운 점은, 연대기적으로 봤을 때 동성애 관계가 이성애 관계에 선행한다는 사실이다. 비록 이성애 관계가 영화 분량으로는 더 많이 차지하고 시각적으로도 더 전면에 배치되지만, 감춰졌다 뒤늦게 발견된 여성들의 동성애 관계가 더 오래되고 깊고 충만하다는 사실이 드러나면서 이성애의 진정성과 완결성은 근본적으로 뒤흔들린다. 플래시백으로만 설명되는 여성 동성애 관계는 의도적인 모호함과 오인을 구조화하면서 동성애의 부인과 이성애 질서의 파열 여지를 동시에 남겨 둔다.[34] 이러한 서사구조는 이성애가 자연적이고 기원적인 질서라는 통념이 얼마나 불안정한 구성물인지를 드러내며, 젠더와 섹슈얼리티가 반복과 은폐 그리고 지연을 통해 구성된다는 점을 상기시킨다. 주디스 버틀러 Judith Butler가 말한 것처럼, 동성애 금기가 이성애 질서의 근친상간 금기보다 먼저인 것이다.*

한편 〈여고괴담4: 목소리〉, 〈써니〉, 〈청포도 사탕: 17년 전의 약속〉, 〈경성학교: 사라진 소녀들〉, 〈비밀은 없다〉, 〈죄 많은 소녀〉, 〈누에치던 방〉, 〈여고괴담 여섯번째 이야기: 모교〉 같은 이른바 '여학교 영화'들은 남성이 부재한 세계를 배경으로 여성들 사이의 관계와 서사를 전면에 배치한다. 이 영화들에서 소녀들은 자신들의 감정과 욕망을 전경화하고 기존 규범

---

* 주디스 버틀러는 한 사람이 이성애 주체가 되기 위해서 무엇보다 먼저 동성애가 금기시되어야 한다고 말한다. 정신분석학은 이성애에 기반해 주체가 형성되는 과정에서 필수적이고 원초적인 금기로 오이디푸스 콤플렉스의 근친상간 금기를 제시했다. 그러나 버틀러는 동성애 금기가 먼저라고 주장한다. 아이는 태어나자마자 "동성애를 포기하도록 강제"당하며 이 상실로 인해 우울증적 젠더 주체가 된다. 주디스 버틀러, 《권력의 정신적 삶: 예속화의 이론들》, 강경덕·김세서리아 공역, 그린비, 2019, 199쪽.

과 질서에 균열을 가한다. 이들은 종종 장르적 약호 안에서 일탈하거나 괴물이 되기를 시도하지만, 그들의 성장은 자신의 죽음이나 연인의 상실로 유예되거나 중단된다. 다시 말해, 이들은 질식할 듯한 폐쇄적인 시공간에 포획된다. 역설적으로 학교는 동성애를 비롯한 비규범적 일탈이 은밀한 '벽장'의 형태로 발생하는 모순적 장소로 기능한다.

이러한 전통은 K-pop 걸그룹 뉴진스의 뮤직비디오 〈디토 Ditto〉(신우석, 2022)에서도 변주된 형태로 이어진다. 한 인터뷰에서 신우석 감독은 '〈디토〉가 〈여고괴담 두번째 이야기〉를 연상시킨다'는 논평에 대해 "〈여고괴담〉 시리즈를 본 적이 없다"고 답한 바 있다.[35] 그럼에도 불구하고, 〈디토〉는 여러 면에서 〈여고괴담 두번째 이야기〉가 남긴 미학적이고 정서적인 유산과 강하게 공명한다. 〈디토〉에는 우정에서 동성애까지 포괄하는 여성 동성 사회 내부의 친밀성, 규율적 시공간에서 유일한 유토피아로 상상되는 여성 동성애, 과거의 시간에 고착된 노스탤지어와 멜랑콜리, 비디오테이프와 캠코더에 기록된 기억의 비밀스러운 저장, 유령성과 동물성, 그리고 액자식 서사 및 카세트테이프의 A면/B면을 연상시키는 두 버전의 뮤직비디오로 구현된 미장아빔 구조가 중층적으로 작동한다. 이러한 요소들은 〈여고괴담 두번째 이야기〉의 정서적이고 형식적인 구조와 상당히 유사하다. 제작진이 〈여고괴담〉 시리즈를 참고하지 않았음에도 이처럼 강한 공명을 만들어 냈다는 사실은 〈여고괴담 두번째 이야기〉가 형성한 10대 여성 간의 친밀성의 미학과 감정 구조가 개별 작품을 넘어 사회적 상상력의 층위에 깊이 각인되어 있음을 시사한다.

과거의 심연에 봉인된 여성 동성애든 아니면 여학교라는 동성 사회 내부의 친밀한 관계이든, 이 서사들은 끊임없이 기원과도 같은 동성애적 순간으로 회귀하거나 그 시간성에 붙들린다. 이는 퀴어 서사가 종종 강요받아 온 성장 서사나 비극 서사의 도식을 거부한다. 효신의 죽음 이후에도 삶이 '계속될 수 있는가'라는 질문에 〈여고괴담 두번째 이야기〉가 명확한 답을 제시하지 않는 것처럼 말이다.

이러한 반복적 귀환과 포획은 소녀 시절의 기억을 단순히 소모하는 회고로 환원하지 않고, 완전히 소거되지 않는 잔여를 남긴다. 이 잔여는 찰나의 유토피아적 순간을 얻기 위해 희생하고 상실했던 것들을 잊지 않으려는 몸부림이자, 끝내 도래하지 못한 미래를 점유하려는 하나의 방식으로 기능한다. 다시 말해, 여성 동성애의 시간들은 과거에 머무르지 않고, 미래가 결핍된 자리에서 과거가 미래의 역할을 수행하는 시간적 전도를 만들어 낸다. 이때 벽장은 단순한 은폐의 공간이 아니라, 시간을 역전시키는 장치, 일종의 타임머신으로 전환된다.

호세 에스테반 무뇨즈José Esteban Muñoz가 지적했듯이, 퀴어는 언제나 '지금–여기'에서 완결되지 않으며, 그 시간성은 "아직 도래하지 않은not-yet-here"**36** 미래를 향해 감각적으로 예견 prefiguration하는 순간에 가깝다. 봉인되고 폐쇄되고 미래가 없는 것처럼 보이는 '아빔들' 혹은 '벽장들'은 바로 그러한 예견과 잠재성이 일어나는 장소로서 현재의 규범과 제약을 거부한다. 괴물과 유령이 된 퀴어 아이들은 벽장을 매개로 또 다른 퀴어한 아이들을 낳으며, 이러한 기이한 재생산은 연대기적 성장과 재생산을 전제하는 규범적 시간의 서사에 저항한다.*

이 지점에서 〈여고괴담 두번째 이야기〉의 결말은 결정적 의미를 획득한다. 시은과 민아가 옥상 문을 열고 과다 노출된 백색의 빛 속으로 들어가는 순간, 학교 바깥의 세계는 더 이상 유령의 시점에도, 명확한 현실의 시점에도 머물지 않는다. 그 너머의 세계는 끝내 가시화되지 않으며, 미래는 서사적으로 유예된 채 남는다. 대신 영화는 효신과 시은이 옥상에서 함께 춤추고 웃던 과거의 순간들, 그리고 비디오캠코더로 기록된 셀프 카메라 영상을 반복적으로 호출한다.

옥상으로 나가는 문이 열리는 순간, 영화는 미래로 나아가

---

* 엘리자베스 프리먼은 "규범적 시간성chrononormativity" 개념을 통해 근대사회가 삶을 연대기적이고 생산적인 시간 질서에 종속시키는 방식을 비판한다. 그는 퀴어한 삶이 이러한 규범적 시간성을 교란하는 비동시적·비연속적 시간성을 드러낸다고 분석한다. Elizabeth Freeman, *Time Binds: Queer Temporalities, Queer Histories*, Durham: Duke University Press, 2010, pp. 1-14.

는 대신 과거로 회귀하지만, 과거는 더 이상 퇴행적 시간이나 상실의 대상이 아니라 안전하고 친밀하며 충만했던 순간들이 봉인된 또 하나의 '벽장'이 되어, 언젠가 도래할 수 있는 퀴어한 미래를 잠정적으로 보관하는 장소가 된다. 퀴어한 시간성은 성장과 성숙을 거쳐 이성애적 재생산과 안정된 가족을 구성하는 규범적이고 직선적인 시간으로 진입하지 않는다. 대신 그것은 지연, 역행, 반복, 정지, 우회라는 형식으로 나타나며, 이러한 비선형적 시간성 속에서 퀴어 아이들은 종종 '비정상적'이거나 '위험한' 존재로 호명되고 교정의 대상이 된다.

〈여고괴담 두번째 이야기〉의 결말은 '불가능한' 해피 엔딩과 '미래 없음'의 조건 속에서도 퀴어한 삶이 완전히 소거되지 않았음을 감각적으로 증명한다. 이 영화는 실패한 성장 이야기로 끝나는 대신, 미래를 상상할 수 없기 때문에 오히려 과거를 통해 미래를 예견하는 퀴어한 시간성을 제안한다. 그것은 확정된 약속이 아니라, 닫힌 듯 보이는 벽장에 남겨진 작은 틈, 사랑이 계속될 수 있으리라는 믿음이 잠정적으로 숨 쉬는 공간으로 남는다.

이러한 의미에서 〈여고괴담 두번째 이야기〉는 2010년대 이후 한국영화에서 마침내 아이들의 퀴어한 미래를 상상하고 재구성한 〈도희야〉(정주리, 2014), 〈아가씨〉(박찬욱, 2016), 〈벌새〉(김보라, 2018), 〈윤희에게〉(임대형, 2019), 〈담쟁이〉(한제이, 2020), 〈딸에 대하여〉(이미랑, 2023), 〈럭키, 아파트〉(강유가람, 2024) 같은 작품들을 가능하게 한 조건으로 읽을 수 있다. 이 영화는 완결된 서사나 명시적 선언의 형태로 퀴어 미래를 제시하지는 않지만, '죽음을 기억하라'는 요청과 함께 퀴어한 정동과 시간성을 품은 채 이후의 퀴어영화들이 도래할 수 있도록 한 하나의 씨앗이자, 닫혀 있으나 완전히 봉인되지 않은 '벽장'으로 한국 퀴어영화사에 존재해 왔다.

에필로그
천창天窓의 눈부처

천창에 나타난 효신의 유령과 눈부처

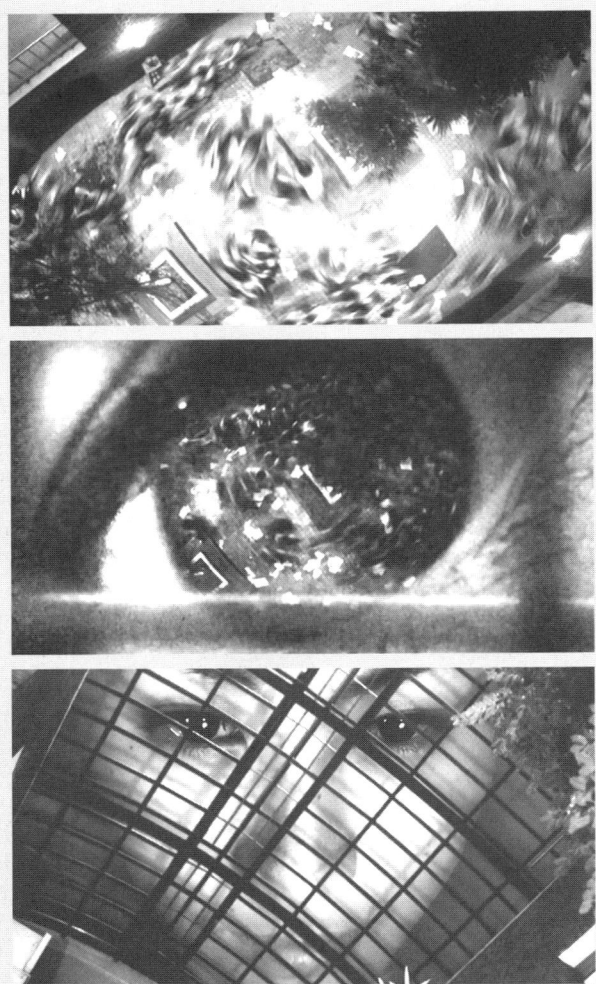

〈여고괴담 두번째 이야기〉에서 가장 강렬하게 각인되며 반복적으로 비평의 대상이 되어 온 장면은 단연 학교 옥상 유리 천창을 가득 덮는 효신의 얼굴이다. 반투명의 유령적 효과나 왜곡 없이, 표준적 비례를 벗어난 채 과도하게 크게 확대된 이 얼굴은 공포보다는 오히려 슬픔과 기이한 희극성을 동시에 불러일으킨다.

효신의 얼굴이 학교를 덮는 순간, 폭우와 강풍이 몰아치고 정문은 더 이상 열리지 않으며 교사와 학생들은 모두 학교 안에 갇힌다. "둘 중 하나가 먼저 죽게 되면 비 오는 날 데리러 오기로 하자"는 효신의 약속처럼, 효신은 시은을 데리러 온 것이다. 이때 학교는 더 이상 중립적인 배경이 아니라 두 사람을 갈라 놓는 하나의 거대한 괴물 신체가 되고, 천창은 곧 '눈=스크린'으로 기능한다. 표준화된 측정과 규범을 거부한 효신은, 역설적으로 모두가 보지 않을 수 없는 스펙터클이 된다. 효신은 시은뿐 아니라 모든 눈의 눈부처로 각인된다.

이 장면에서 효신은 누군가를 해치거나 복수하려는 목적을 드러내지 않는다. 그가 요청하는 것은 단 하나, 학교라는 세계가 자신에게 어떻게 감각되는지를 이해해 달라는 것이며, 자신의 존재를 받아들여 달라는 요구이다. 천창 위에 떠오른 얼굴은 공포의 대상이 아니라, 타인의 몸과 감각 속으로 침투해 들어오는 감각적 요청이다. 이는 오프닝에서 시은의 귀 안으로 카메라가 빨려 들어가며 이명을 일으키고 민아가 별사탕 약을 삼킨 후 구토를 했던 것처럼, 언어화되지 않은 내장 감각을 강제적으로 호출한다.

이때 세계는 질서를 잃고 과잉 연결되며 전도된다. 효신의 세계에서 안과 밖, 세부와 전체, 작고 큼, 느림과 빠름, 가까움과 멂, 각인 가능한 것과 각인 불가능한 것은 모두 뒤집힌다. 그러나 바로 그 전복 속에서, 그동안 '비정상'으로 밀려났던 아이들의 감각이 전면으로 떠오른다. 폭우와 강풍 속에서 아이들이 공황 상태에 빠지는 동안, 교환일기를 쥐고 있던 민아는 정신없이 뛰어다니는 아이들의 발 사이에 쓰러진다. 그때 느릿느릿 반대 방향으로 움직이는 거북이가 포착된다. 시나리오에서 이 거북이는 '거북소녀'라 불리는 같은 반 여학생의 것이다. 민아는, 공포에 빠져 무작정 동일한 속도와 방향으로 뛰어가는 무리들과 다르게 움직이는 무방비의 취약한 존재와 마주한다. 느린 거북이, 핏빛의 새 같은 동물들은 효신과 마찬가지로 퀴어한 존재들이다.

그 순간, 민아는 환상을 본다. 그 환영 속에서 '거북소녀'는 촛불이 꽂힌 생일 케이크를 들고 학교 중정으로 들어온다. 중창단 아이들이 노래를 부르는 가운데, 효신과 시은은 손을 맞잡고 밝게 웃는다. 중정에 가득 들어찬 아이들은 박수를 보내며 두 사람의 생일을 축하한다. 드디어 효신은 다시 태어나 시은과 같은 날 생일을 맞게 되고, 아이들의 축복을 받으며 삶을 살아갈 수 있게 되는 것처럼 보인다. '거북소녀'에게서 케이크를 건네받은 연안 역시 환하게 웃으며 효신과 시은에게 촛불을 불라고 한다. 하지만 결국 연안은 공중으로 케이크를 던진다. 애도의 가능성과 화해는 환상 속에서도 끝내 성립되지 않는다.

앞서 살펴보았듯, 민아는 효신과 시은을 향한 무관심에서 공감과 동일시로 이동한다. 민아가 참여적이고 능동적인 관객을 대리한다는 점에서 현실의 관객 역시 변화의 가능성을 요청받는다. 그러나 영화는 동시에, 스크린이 곧바로 현실을 대체할 수 없음을, 그리고 영화와 관객을 변화시킬 수 있는 역량이 있음에도 현실의 혐오는 더 커질 수 있음을 분명히 드러낸다. 이 영화가 끝내 포기하지 않는 것은 해결이나 치유가 아니라, 실패와 상처를 가리는 대신 드러내는 일이다. 상처를 노출하는 것, 바로 그것이 이 영화가 마지막까지 관객에게 요청하는 태도이다.

그렇다면 지금의 한국 사회는 얼마나 달라졌는가. 〈여고괴담〉 시리즈의 학교와 벽장은 이제 사라졌는가. 만약 여전히 존재한다면, 그 벽장들은 어디에 있으며, 어떤 재질로 만들어져 있는가. 어떤 의미에서 한국 사회는 여전히 하나의 거대한 유리 벽장 속에 있는 것처럼 보인다.

K-pop은 오랫동안 동성 간 친밀성, 젠더유동적gender-fluid

공포에 빠진 아이들과 환상을 보는 민아

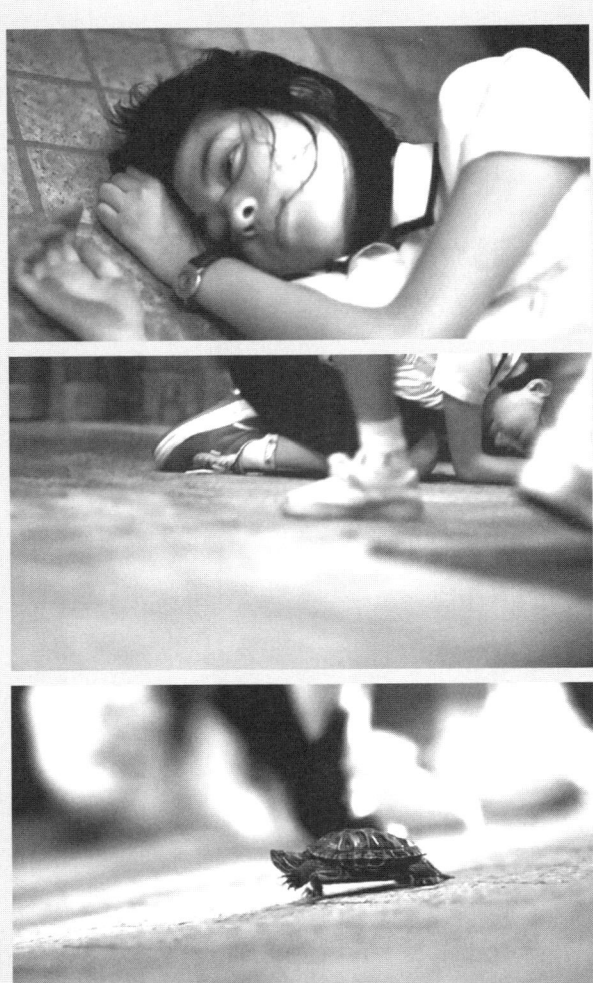

에필로그 | 천창天窓의 눈부처

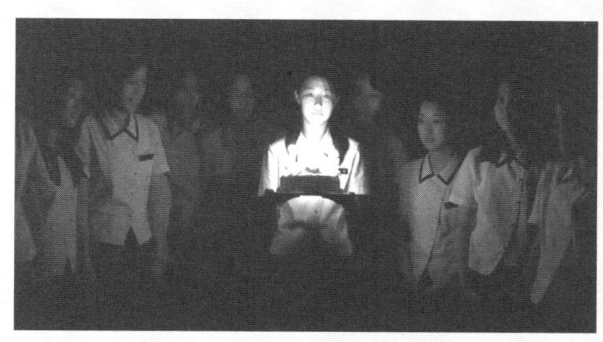

복도에 쓰러진 민아는 교환일기를 떨어뜨리고, 맞은편에 웅크리고 몸을 숨긴 아이, 그리고 패닉에 빠진 아이들과는 반대 방향으로 천천히 움직이는 거북이를 본다. 이후 민아의 환상이 이어지는데, 중정에 모인 아이들이 박수를 치며 효신과 시은의 생일을 축하하지만, 연안은 케이크를 공중으로 던져 버린다.

에필로그 | 천창天窓의 눈부처

이미지, 드랙drag, BL 팬픽션 등 퀴어 문화의 요소들을 적극적으로 차용해 왔고, 그 과정에서 퀴어 팬들의 열렬한 지지를 받아 왔다. 그런데 그 산업의 내부에 존재하는 실제 퀴어 당사자나 퀴어 팬덤의 존재는 왜 늘 침묵 속에 머물러야 하며, 때로는 '위험한 것'으로 치부되며 지워지게 되는가.[37] 현재의 K-pop은 퀴어 문화를 트렌디하고 힙한 이미지로 소비하면서도, 명확한 퀴어 서사나 퀴어 주체의 가시화는 회피하는, 이른바 '퀴어베이팅queerbaiting'에 더 가까운 양상을 보인다.

지상파와 케이블, OTT 플랫폼 역시 퀴어 서사와 소재를 점점 더 적극적으로 끌어들이고 있지만, 여전히 공공의 혐오와 자기검열의 압력에서 자유롭지 않다. 2024년 방영된 tvN의 12부작 드라마 〈정년이〉(극본 최효비, 연출 정지인)는 웹툰 원작에서 비교적 명확하게 드러났던 여성 동성애자 캐릭터와 퀴어 관계를 각색 과정에서 삭제하거나 희석시켰다. 같은 해 TVING에서 공개된 8부작 드라마 〈대도시의 사랑법〉(각본 박상영, 연출 허진호·홍지영·손태겸·김세인)은 남성 동성애자 주인공과 그 주변 인물들을 그렸다는 이유로 공개 전부터 일부 기독교 보수 단체와 성소수자 혐오 세력으로부터 방영금지 요구에 직면했다.[38] 이 사례들은 퀴어가 문화적 소비의 대상으로는 얼마든지 호출될 수 있지만, 사회제도적 차원에서는 여전히 '보이지 않아야 하는 존재'로 요구되고 있음을 보여 준다.

이러한 조건 속에서 벽장은 사라지기보다 오히려 더 거대해지고, 더 화려해지며, 더 정교해진다. 한국 사회에서 커밍아웃은 여전히 위험한 선택이며, 포괄적 차별금지법의 제정조차 번번이 좌절되고 있다. 그럼에도 불구하고, 영화와 기록은 완전히 닫힌 벽장을 내부에서부터 서서히 부식시키는 느린 힘으로 남는다. 성전환 수술 이후에도 군인으로서의 삶을 이어가고자 했으나 2020년 강제전역 조치를 당한 후 결국 비극적인 죽음에 이른 변희수 하사*를 떠올릴 때, 우리는 아직도 차별과 위협이 일상화된 '학교' 안에 머물러 있음을 깨닫게 된다. 효신의 얼굴, 그리고 그와 같은 원한과 상실을 품은 수많은 얼굴들은 여전히 천창 위에 떠 있다. 그들은 우리의 눈부처다. 우리는 아직도 그 비디오테이프를 꺼내 재생한다. 이 테이프가 더 많이 복제되고, 더 멀리 퍼져, 더 많은 시간과 몸을 오염시키기를 바란다. 그것이 또 다른 시간여행을 가능하게 하기를 바란다.

메멘토 모리.

---

*   변희수 하사의 생애에 대해선 다음 웹사이트를 참고하라. 〈희수의 삶-육군 5기갑여단 하사, 전차조종수, 트랜스젠더 여성, 그리고 변희수〉, 《변희수재단 준비위원회》 https://bhsfoundation.or.kr/life

주

1 안영춘, 〈여고괴담에 세상이 떨고 있다〉, 《한겨레》 1998년 6월 24일자 17면.

2 김혜리, 〈[인터뷰]〈여고괴담 두번째 이야기〉 공동감독 김태용·민규동〉, 《씨네21》 통권 234호, 2000년 1월 4일. https://cine21.com/news/view/?mag_id=33328

3 남동철·김혜리 대담, 〈소녀가 소녀를 만난 첫사랑의 비극적 기록, 〈여고괴담 두번째 이야기〉〉, 《씨네21》 통권 232호, 1999년 12월 21일. https://cine21.com/news/view/?mag_id=33693

4 김지연, 〈민규동 감독의 '데뷔의 순간'. 씨네플레이와 한국영화감독조합의 〈한국영화, 감독〉 인터뷰〉, 《씨네플레이》 2024년 3월 29일. www.cineplay.co.kr/ko-kr/articles/14114 (검색일: 2025년 6월 15일)

5 이화정·김태용, 정리 김성훈, 〈'열정 없음'의 콤플렉스 덕에 지금의 내가 있다〉, 《씨네21》 통권 802호, 2011년 5월 12일. https://cine21.com/news/view/?mag_id=65887

6 남동철·김혜리 대담, 〈소녀가 소녀를 만난 첫사랑의 비극적 기록, 〈여고괴담 두번째 이야기〉〉, 《씨네21》 통권232호, 1999년 12월 21일. https://cine21.com/news/view/?mag_id=33693

7 김수정, 〈'여고괴담 두번째 이야기'에 관한 흥미로운 사실 13가지〉, 《노컷뉴스》 2018년 7월 29일. https://www.nocutnews.co.kr/news/5007956

8 〈여고괴담 두번째 이야기〉 시나리오(소장 관리번호: DCKD018244), 1쪽.

9 김혜리, 위의 인터뷰. https://cine21.com/news/view/?mag_id=33328

10 이석훈, 〈동성애만담(1)〉, 《동아일보》 1932년 3월 17일자 5면.

11 〈영화제작연맹 '명일의 여성' 제작〉, 《조선일보》 1931년 4월 15일자 5면.

12 박차민정, 《조선의 퀴어: 근대의 틈새에 숨은 변태들의 초상》, 현실문화, 2018, 248~261쪽.

13 조현석, 〈"힘든 생활 지탱할 수 없어"/10대 소녀 3명 동반자살〉, 《서울신문》 1998년 1월 5일자 23면. https://www.seoul.co.kr/news/1998/01/05/19980105023005

14 〈[焦點] '여중생 4명 왜 집단자살했을까'〉, 《연합뉴스》 1998년 3월 26일자. https://www.yna.co.kr/view/AKR19980326000200004

15 김주영, '여중생 3명 동반자살', 〈KBS 뉴스9〉, 1998년 9월 16일. https://news.kbs.

co.kr/news/pc/view/view.do?ncd=3791560

16 정성진, 〈같은반 여중생 2명 동반투신, 1명 사망〉, 《조선일보》 1999년 5월 12일자 31면; 7월 춘천에서 여중생 2명 김상희, '춘천 온의동 여중생 2명 투신자살', 〈MBC 뉴스데스크〉, 1999년 7월 17일. https://imnews.imbc.com/replay/1999/nwdesk/article/1783695_30729.html

17 〈남자 친구와 이별 비관, 두 여고생 동반 투신자살〉, 《문화일보》 1999년 12월 9일자. https://www.munhwa.com/article/10216675

18 〈[焦點] '여중생 4명 왜 집단자살했을까'〉, 위의 기사.

19 강병철·김지혜, 《청소년 성소수자의 생활실태조사》, 한국청소년개발원, 2006.

20 Sarah Projansky, *Spectacular Girls: Media Fascination and Celebrity Culture*, New York University Press, 2014, pp.5–6.

21 김선아, 〈레즈비언, 소녀, 유령 섹슈얼리티〉, 연세대 미디어아트연구소 엮음, 《학교엔 귀신이 산다: 〈여고괴담 두번째 이야기〉》, 이가서, 2004, 65쪽.

22 Eve Kosofsky Sedgwick, *Epistemology of the Closet*, University of California Press, 1990, pp. 9–11.

23 이효원, 〈연대순으로 살펴본 미장아빔의 이론과 구조〉, 《반영과 재현》 통권 2호, 2021, 115~150쪽.

24 이효원, 앞의 논문, 89쪽.

25 김정아, 〈학교엔 귀신이 산다〉, 연세대 미디어아트연구소 엮음, 앞의 책, 15쪽.

26 김정아, 위의 글, 16~23쪽.

27 지가 베르토프, 김영란 옮김, 《Kino-Eye 키노-아이: 영화의 혁명가 지가 베르토프》, 이매진, 2006.

28 양준영, 〈안방 금기 깬 '동성애' 단막극 2편 방송…SBS/KBS〉, 《한국경제신문》 1997년 11월 7일자.

29 이제훈·고명섭, 〈"문화부 독립 바람직" 한목소리〉, 《한겨레》 1997년 11월 28일자 14면.

30 한채윤, 〈한국레즈비언 커뮤니티의 역사〉, 《뉴 래디컬 리뷰》 제49호, 2011, 111쪽.

31 한채윤, 위의 논문, 115쪽.

32 수연, 〈"동성애는 벌점" '청소년 동성애자와 인권' 토론회서 호소〉, 《일다》, 2003년 10월 1일. https://www.ildaro.com/749

33 한채윤, 앞의 논문, 115쪽.

34 조혜영, 〈한국영화 스크린의 레즈비언들- 남자를 증오한 여자들과 성장을 유예당

한 여자들〉,《한국레즈비언영화사》, 담담프로젝트, 2021, 21~22쪽.

35 임수연, 〈[인터뷰] 신우석 돌고래유괴단 대표 ② "모든 것은 다르게 보는 것에서 시작된다"〉,《씨네21》통권1391호, 2023년 1월 21일. https://cine21.com/news/view/?mag_id=101906#nzreview

36 Muñoz, José Esteban, *Cruising Utopia: The Then and There of Queer Futurity*, New York: NYU Press, 2009, p.29.

37 박주연, 〈케이팝과 퀴어가 무슨 관계냐고요?〉,《일다》, 2020년 6월 28일. https://m.ildaro.com/8770

38 박주연, 〈아직도, 부르지 못하는 그 이름?–있었지만 없었고, 있을 뻔했지만 없었던 미디어의 퀴어 재현〉,《일다》, 2024년 10월 20일. https://www.ildaro.com/10027

참고문헌

단행본 및 보고서

강병철·김지혜, 《청소년 성소수자의 생활실태조사》, 한국청소년개발원, 2006.

류은숙 외, 《대한민국 인권 근현대사: 인권운동사 4》, 국가인권위원회, 2019.

박차민정, 《조선의 퀴어: 근대의 틈새에 숨은 변태들의 초상》, 현실문화, 2018.

연세대 미디어아트연구소 엮음, 《학교엔 귀신이 산다-〈여고괴담 두번째 이야기〉》, 이 가서, 2004.

이동윤 외, 《한국레즈비언영화사》, 담담프로젝트, 2021.

임영식·조아미·하상훈, 《청소년 자살의 원인과 실태》, 청소년보호위원회, 2004.

주디스 버틀러, 《권력의 정신적 삶: 예속화의 이론들》, 강경덕·김세서리아 공역, 그린 비, 2019.

지가 베르토프, 김영란 옮김, 《Kino-Eye 키노-아이: 영화의 혁명가 지가 베르토프》, 이 매진, 2006.

Sara Ahmed, *Queer Phenomenology: Orientations, Objects, Others*, Duke University Press, 2006.

Lee Edelman, *No Future: Queer Theory and the Death Drive*, Duke University Press, 2004.

Elizabeth Freeman, *Time Binds: Queer Temporalities, Queer Histories*, Durham: Duke University Press, 2010,

José Esteban Muñoz, *Cruising Utopia: The Then and There of Queer Futurity*, New York: NYU Press, 2009.

Sarah Projansky, *Spectacular Girls: Media Fascination and Celebrity Culture*, New York University Press, 2014.

Eve Kosofsky Sedgwick, *Epistemology of the Closet*, University of California Press, 1990.

논문

나영정, 〈한국 성소수자 운동과 제도화의 역설〉, 《진보평론》 제63호, 2015, 228~257쪽.

싱두, 〈현재 없음(No Present): 지금 여기의 삶 정치 기획의 변〉, 《페미니스트 연구 웹진 Fwd》 8호, 2023년 10월 25일.

이효원, 〈연대순으로 살펴본 미장아빔의 이론과 구조〉, 《반영과 재현》 통권 2호, 2021, 115~150쪽.

조주희, 〈근대 일본의 여성동성애 담론-신문 보도 프레임을 중심으로〉, 《日本思想》 제43호, 2022, 《한국일본사상사학회》, 259~281쪽.

한채윤, 〈한국레즈비언 커뮤니티의 역사〉, 《뉴 래디컬 리뷰》 제49호, 2011, 100~128쪽.

Rebecca Beirne, "Teen Lesbian Desires and Identities in International Cinema: 1931-2007," *Journal of Lesbian Studies*, 16:3, 2012, pp. 258-272.

Robin Wood, "Return of the Repressed." *Film Comment* vol. 14, no. 4, 1978, pp. 25-29.

신문 기사·인터뷰

고명섭·이제훈, 〈"문화부 독립 바람직" 한목소리〉, 《한겨레》 1997년 11월 28일자 14면.

김상희, 〈춘천 온의동 여중생 2명 투신자살〉, MBC 〈뉴스데스크〉, 1999년 7월 17일.

김수정, 〈'여고괴담 두번째 이야기'에 관한 흥미로운 사실 13가지〉, 《노컷뉴스》 2018년 7월 29일.

김주영, 〈여중생 3명 동반자살〉, KBS 〈뉴스9〉, 1998년 9월 16일.

김지연, 〈민규동 감독의 '데뷔의 순간'. 씨네플레이와 한국영화감독조합의 〈한국영화, 감독〉 인터뷰〉, 《씨네플레이》, 2024년 3월 29일.

김혜리, 〈[인터뷰] 〈여고괴담 두번째 이야기〉 공동감독 김태용·민규동〉, 《씨네21》 통권 234호, 2000년 1월 4일.

김태용·민규동, 정리 오정연, 〈주목! 〈가족의 탄생〉[5] - 김태용·민규동 대담〉, 《씨네21》 통권 554호, 2006년 5월 31일. https://cine21.com/news/view/?mag_id=38768

남동철·김혜리, 〈소녀가 소녀를 만난 첫사랑의 비극적 기록, 〈여고괴담 두번째 이야기〉〉, 《씨네21》 통권232호, 1999년 12월 21일.

박주연, 〈케이팝과 퀴어가 무슨 관계냐고요?〉, 《일다》, 2020년 6월 28일.

박주연, 〈아직도, 부르지 못하는 그 이름?-있었지만 없었고, 있을 뻔 했지만 없었던 미디어의 퀴어 재현〉, 《일다》, 2024년 10월 20일.

수연, 〈"동성애는 벌점" '청소년 동성애자와 인권' 토론회서 호소〉, 《일다》, 2003년 10월 1일.

안영춘, 〈여고괴담에 세상이 떨고 있다〉, 《한겨레》 1998년 6월 24일자 17면.

양준영, 〈안방 금기 깬 '동성애' 단막극 2편 방송…SBS/KBS〉, 《한국경제신문》 1997년 11월 7일자.

연합(출처), 〈남자 친구와 이별 비관, 두 여고생 동반 투신자살〉, 《문화일보》 1999년 12월 9일자.

이석훈, 〈동성애만담(1)〉, 《동아일보》 1932년 3월 17일자 5면.

이성훈(정리), 이화정·김태용, 〈'열정 없음'의 콤플렉스 덕에 지금의 내가 있다〉, 《씨네 21》 통권 802호, 2011년 5월 12일.

임수연, 〈[인터뷰] 신우석 돌고래유괴단 대표 ② '모든 것은 다르게 보는 것에서 시작된다'〉, 《씨네21》 통권 1391호, 1923년 1월 21일.

조현석, 〈"힘든 생활 지탱할 수 없어"/10대 소녀 3명 동반자살〉, 《서울신문》 1998년 1월 5일자 23면.

정성진, 〈같은반 여중생 2명 동반투신, 1명 사망〉, 《조선일보》 1999년 5월 12일자 31면.

황신덕·허영숙·류오준·이덕요, 〈여류명사의 동성연애기〉, 《별건곤》 제34호, 1930년 11월 1일, 120~124쪽.

〈영화제작연맹 '명일의 여성' 제작〉, 《조선일보》 1931년 4월 15일자 5면.

〈[焦點] '여중생 4명 왜 집단자살했을까〉, 《연합뉴스》 1998년 3월 26일자.

〈국내 첫 동성애영화제/'서울 퀴어영화제' 연다〉, 《서울신문》 1998년 10월 22일자. https://m.seoul.co.kr/news/1998/10/22/19981022012002

〈DOSSIER 4 퀴어시네마〉, 《키노》, 1996년 봄 스페셜 1호(14호), 203~233쪽.

〈QUEER CINEMA 천사들의 캠프, 레즈비언 시네마〉, 《키노》 18호, 1996년 9월, 56~61쪽.

기타

〈여고괴담 두번째 이야기〉 시나리오, 한국영상자료원 소장본, 소장 관리번호: DCKD018244.

〈여고괴담 두번째 이야기〉 소품 〈교환일기〉, 한국영상자료원 소장본, 소장 관리번호: EQ000831_01.

〈여고괴담 두번째 이야기〉 DVD 박스세트 UE dts (6Disc, 디지팩) Eins M&M, 2005.

변희수재단 준비위원회 웹사이트 https://bhsfoundation.or.kr/life

여고괴담 두번째 이야기
Memento Mori

감독 김태용·민규동 | 제작년도 1999년 | 제작사 씨네2000

프로듀서 오기민 | 각본 김태용·민규동 | 제작자 이춘연 | 촬영 김윤수 | 조명 최성원(On Lighting) | 음악 조성우 | 미술 오상만 | 소품 장선미·정희태 | 의상 이승현 | 분장 박선지 | 편집 김상범

출연 – 민아 김규리 | 효신 박예진 | 시은 이영진 | 지원 공효진 | 연안 김민희 | 고형석 백종학

상세 크레디트와 더 많은 영화 관련 정보는 QR코드를 참고해 주세요.

KOFA 영화비평총서 8

여고괴담 두번째 이야기
벽장의 스크린, 뒤집어진 세계의 아이들

2025년 12월 31일 초판 1쇄 발행

지은이 | 조혜영
펴낸이 | 노경인 · 김주영

펴낸곳 | 도서출판 앨피 출판등록 | 2004년 11월 23일
주소 | (01545) 경기도 고양시 덕양구 향동로 218(향동동, 현대테라타워DMC) B동 942호
전화 | 02-710-5526 팩스 | 0505-115-0525 블로그 | blog.naver.com/lpbook12
전자우편 | lpbook12@naver.com

ISBN 979-11-92647-83-8 04680